国と教育の在り方を求めて

村田　昇　著

まえがき

一

旧年、平成一七年は前年号で数えると昭和八〇年。そして、「戦後六〇年」という節目の年、人間で言うならば「還暦」に当たる。いわゆる「本卦」に還る年である。日露戦争（明治三七―三八年）勝利一〇〇周年という記念すべき年でもある。戦前の「天長節」、昭和天皇の御誕生日をお祝いした「天皇誕生日」は、天皇のご崩御とともに「みどりの日」となっていたが、昨年からはその「みどりの日」が五月四日に移され、四月二九日が「昭和の日」となり、「激動の日々を経て復興を遂げた昭和の日々を顧み、国の将来に思いをいたす日」とされた。「みどりの日」という名称は、生物を愛好された昭和天皇を偲ぶ意味をもこめて考え出されたものとされているが、しかし、これではやがては昭和天皇との関係が忘れられてしまうのではないかと憂いられていただけに、「昭和の日」の明示は極めて意味深い。なお、戦前の「明治節」、つまり明治天皇の御誕生日であった一一月三日の「文化の日」も、「明治の日」、つまり「明治時代を記念する日」に改められないものだろうか。全国民が近代日本の歩みを歴代天皇の御聖徳と悠久の歴史を下に偲び、我が国の将来像を求め続けることが大切だからである（参照：所功『「国民の祝日」の由来がわかる小事典』ＰＨＰ新書、平成一五年）。

また、平成一八年一月二六日には、伝教大師最澄上人（七六七―八二二）が日本人の伝統的信仰と聖徳太子の宣揚された法華一乗教を基にして創建された四宗兼学の総合仏教「天台法華圓宗」が、桓武天皇の勅許を得てから一二〇〇年の歳月を経ることとなる。この天台宗開宗一二〇〇年を慶讃して、昨年の一〇月一日から一ヵ月間にわたり、天台宗延暦寺の伝統法要をはじめ、有縁の二六宗派・教団の方々が登叡され法要を営まれた。わたくしも一〇月一日の初日に檀那寺の檀家衆と共に比叡山にお参りし、全国から参集された天台僧侶代表の方々が法要のために根本中堂に向かわれる長い参列をも拝した。また、天台宗一二〇〇年を記念して京都国立博物館に特別展覧されていた「最澄と天台の国宝」をも、家族と共に拝観した。そうして、伝教大師のみ教えが「弟子から弟子へと、また多くの人たちに受け継がれ、時を超えて日本全国に広まったこと」（『比叡山時報』平成一七年一一月八日号）を改めて教えられ、日本人としての心と国家鎮護の在り方について深く思いを馳せたのである。

二

この年にこそ、わたくしたちは我が国古来の誇るべき歴史と伝統に立ち還り、日本人としての誇りと責任を取り戻すことを考えなければならない。しかし残念ながら、国後島・択捉島・歯舞諸島、尖閣諸島、竹島の領土問題や、小泉首相の靖国神社参拝や歴史教科書に対する中・韓両国からの内政干渉に対する政府及び一部政治家等の対応を見る限りでは、国民世論は大分変わってきたとは言うものの、戦後からの脱却はまだまだ完全にはなされていないように思われてならない。

そればかりか、敗戦による荒廃から立ち上がり世界の経済大国として成長をしたことは誇れるとしても、どうも利潤の追求に忙しく、例えば近江商人が旨とした「三方《さんぼう》よし」、つまり「売り手よし、買い手よし、世間よし」を旨として信用と責任に生きた精神、いわば「士魂商才」が失われているかと思われるような事件が続発し過ぎている。フリーターやニートの増加も憂いられる。特に問題は犯罪の激増と凶悪化である。いたいけな子どもの殺傷、肉親の殺傷、それも今や加害者は少年にまで及び、これまで予想だにされ得なかったような事件が後を絶たないのである。野辺に咲く小草や名もない虫けらに対しても憐憫の情を抱くとともに、誰も見ていなくても、「天知る、地知る、神知る」と考え、我欲からの出来心によって馬鹿なことを行い、祖先を悲しませ、一生を駄目にするようなことになってはいけないと、自分自身を律してきた日本古来の心は、今や失われてしまったのだろうか。わたくしたちは何よりも、目には見えない「何か大いなるもの」(something great)(村上和雄)によって「生かされて生きている」ことに感謝し、常に「ありがたい」「もったいない」という気持ちを忘れずに、伝教大師のいわゆる「忘己利他」の精神に生きることに努めたい。それが「一隅を照らす」こととともなり得ると考えるのである。

三

旧年は奇しくも村田家にとっても記念すべき年であった。先ずは、村田家を起こした祖父俗名文吉、通称春水、戒名般若院玄潤居士（天保三年二月二五日―明治三九年九月二七日）の百回忌に当たる。祖父は若くして京都に出て漢蘭折衷諸科及び解剖術の医師免許を取得し、郷里で開業した。なお同年に、滋賀師範学校の最終学年に在学中であったその次男、俗名秋次郎、戒名光明院阿秋居士（明治一八年八月二五日―三九年八月二八日）が病死している。そのお二人の百回忌を、去る一一月二六日に孫子たちと共に勤めさせて頂いた。それを機に、先祖様方のことを末永く孫子たちに伝えるために、祖父の長女で家督を継いだ母から聞いていたことを中心に『村田家ご先祖様の話』としてまとめ、印刷に付してお仏壇にお収めもしたのである。

なお昨年は、わたくしは数え年齢で傘寿を、妻敏子も満年齢で喜寿を迎えた。五年前には心筋梗塞のために二回も救急車のお世話になりながらも、この年まで夫婦揃って生きさせて頂き、祖父の百回忌まで勤められたことに対してご神仏様に感謝するばかりである。

わたくしは平成一四年七月に滋賀県公安委員長を退任すると直ちに、「日本会議滋賀」と「滋賀県教科書改善連絡協議会」に自発的に関係した。世相の悪化と教育の崩壊現象を知るにつけ、座視することができず、至らぬ身ながらも残された余生をできる限り祖国とその教育の再生に資することができればと念じたからである。また、歴史教科書の問題から、遅まきながらも我が国の近・現代史に関する新刊書に当たり、特にこの度の戦争とは何であったかを改めて知ろうとした。そこへ、平成一五年一月に設立された「日本の教育改革」有識者懇談会（略称「民間教育臨調」）から招聘を受け、その代表委員兼第二部会（学校教育）部会長に就任した。これらのことを踏まえながら、前述したことを記念して、昨年はこれまでに二冊の自著と一冊の編著を上梓させて頂いた。ご叱声をお願いしたい。

すなわち、自著とは『戦後教育の反省とその再生』（学事出版、六月一日刊）と『ふるさとからの教育論——近江の心に育てられて』（サンライズ出版、六月二〇日刊）である。前著では戦後教育を自分史と関わりながらその問題点を考察するとともに自分自身の原爆体験を基に「心の中に〝平和の砦〟を」築くことを訴え、このためにも、特に自然崇拝と敬神崇祖を旨とする日本本来の心を蘇らせることを念じている。後著はこれまでに雑誌や新聞に寄稿した論考を集録したものであり、自分自身が郷里に育てられ、郷里に生き、及ばずながらも、その郷里を基盤として「教育現実を哲学する」ことに努めてきたことを述べ、そこから青少年の健全育成の在り方や、今日の学校で特に求められている基礎学力、心の教育、宗教的情操の涵養等について、その基礎理論を提起した。前著で述べられたことがこの書でいくらかなりとも具体化されることができればと念じている。

かなりの出費であったにせよ、両出版社の誠意溢れる対応の下に立派な書物に仕上げられ、多くの方々からありがたい読後感を頂くことができた。また、わたくしが大学で卒業論文を担当した卒業生たちが中心となって三十数年前に設立された「現代教育問題研究会」の主催で「出版記念講演会」が開催され（八月二二日、於彦根市勤労福祉会館）、県の内外から百人近い参集を得た。感謝するばかりである。

さらに、一〇月には村田昇編『学校教育の再生――日本の教育改革をどう構想するか・民間教育臨調の提言2』（学事出版、一〇月二〇日）も発刊された。この書は不肖わたくしが学校教育部会長を務めている「日本の教育改革」有識者懇談会（略称「民間教育臨調」）の報告書に代わるものである。短期間内になされた討議を中心にまとめたものであるだけに、改革への問題提起が十分にはなされたとは言い得ないとしても、わたくしとしては教育活動の原点に還ることを旨として、あえて新規さを求めず、一寸とした工夫と努力によって誰もが実現し得ることを念願して提案させて頂いた所存である。

四

第一線から退いてから既に十三年、おかげさまで心臓疾患の方も今は小康を得させて頂いてはいる。

その中で教育の現状を座視するに忍びないでいるわたくしの気持ちを察してくれたのか、奈良県生駒郡に住む次女夫婦が、三年前からわたくしのためにホームページ「ドクターのぼる」を開いてくれていた(http://geocities.yahoo.co.jp/gl/noboru_zi/)。そのため時々、いささか門外漢ではあるとしても、時事問題について考えたことを原稿にして送り、それに対してどなたからご意見や質問が寄せられると回答を寄せさせて頂き、また多くの方々から激励のお言葉をも頂いた。ここで御礼を申し上げたい。

なお、これらの論考は時折コピーして、心有る方々にも手渡ししてきた。国の重要問題に対して、少しでも情報が提供させて頂くことができればと念じたからである。それがかなりの分量となったので、この度、僭越ではあるが、これらの中から特に「戦後六〇周年の節目の年に」因んで書いたものを、ここに「第一部　我が国の在り方を求めて」として集め、江湖のご批判を仰ぐこととした。戦前を知る者が少なくなった今日、いくらかなりともその時期を体験した者の思いや願いをご理解頂き、我が国の将来をお考え頂く場合にご参考にして頂ければ幸甚である。よろしくお願い申し上げたい。

また、少しでも教育の再生に資することができればと考え、滋賀大学に在任中に昭和五五、五六年度と平成元、二年度の二度にわたり教育学部附属中学校長を併任した際に、ＰＴＡ会誌『湖光』と生徒会誌『湖畔』に寄稿したものを中心に「第二部　教育の原点を求めて」として集録させて頂いた。いささか旧稿過ぎるかもしれないが、人生の中で特に重要な年齢期にある中学生の教育に対して、いくらなりともお役に立ち得れば幸甚である。ただ、この中の「私の思い２００４」は、平成一六年度大津市「中学生広場」の終了後、市内全中学校長に対して歓びと感謝の意を表して送り届けた書簡であるが、全体をお読み頂ければ、ここに再録したことの意味をご理解頂けるであろう。変化する時代や社会からの挑戦に対しては果敢に対応しなければならないことは当然であるとしても、それだけに一層、つねに教育の原点を見失うことのないように十分に留意して頂きたいものである。

最後にこの度も出版をご快諾頂き、誠意ある対応を頂いたサンライズ出版・岩根順子社長様に厚く御礼申し上げたい。

平成一八年一月一五日

奥比叡の麓で

村　田　昇

もくじ

まえがき

第一部　我が国の在り方を求めて

平成一七年の年頭に思う――まずは身近なところから……15
数え年齢八〇歳誕生の日に――日本古来の心の蘇りを……20
青少年育成市民会議会長の退任に際して……29
㈠青少年育成国民会議及び県民会議の発足……30
㈡大津市青少年育成市民会議の発足……33
㈢事務局の問題……36
おわりに……40
森岡正宏厚生労働政務官のA級戦犯発言を支持する……43

教科書問題と関わって……48
(一) 正常な教育を目指して……48
(二) 中学校教科書の採択時期に当たって……61
(三) 中学校教科書の採択が終わって……68
八月六日に思う――心の中に平和の砦を……79
終戦記念の日に――首相の靖国神社参拝を中心に……86
永住外国人の地方参政権問題――第四四回衆議院選挙を終わって――……97
児童人権条例について……104
我が国の将来は大丈夫なのか
――新内閣・憲法及び皇室典範の改正・国立追悼施設の新設――……124

第二部　教育の原点を求めて

新しい時代に向けて……151
新世紀の教育課題……151
(一) 自己規制力の育成……154

㈡ 創造的知性の育成 …… 156
㈢ 国際的連帯と国民的自覚への教育 …… 159
新たな価値と文化の創造を——青少年の純潔と自由に望む—— …… 162
心の中に平和の砦を ——平和教育の課題と方法—— …… 168
はじめに …… 168
㈠ 生命に対する畏敬の念を培う …… 170
(1) 体験に培う …… 173
(2) 価値感情を育てる …… 174
㈡ 自己規制力を育成する …… 175
㈢ 国際的相互支援関係を樹立する …… 178
中学生に寄せる …… 181
㈠ 中学生教育を考える …… 181
㈡ 希　望 …… 184
㈢ 思いやり …… 185
㈣ 将来の生き方を考える …… 187
㈤ 苦悩を通しての歓び …… 189

㈥ 自己の位置と責任に目覚める …… 191
㈦ いのちの尊さに気づく …… 193
㈧ 無財の七施 …… 195
㈨ 「私の思い２００４」を終えて …… 197
㈩ ＰＴＡ活動のより活発化を …… 201

教師の問題 …… 203
子育ての原点 …… 203
教師の資質と能力 …… 209

おわりに

第一部　我が国の在り方を求めて

平成一七年の年頭に思う——まずは身近なところから

新しい年を迎え、元気で傘寿を迎えさせて頂けたことに対する感謝の念の下に、天智天皇を祠る錦織の近江神宮、坂本の日吉《ひよし》大社、氏神の小椋《おぐら》神社、比叡山横川の元三大師《がんざんだいし》堂、檀那寺の光明山眞迎寺に詣で、祖国の安泰と今年こそは皆にとって佳き年であることを祈念した。

旧年はまさに外患内憂に満ちた多難な年であった。あの台風と大地震に続くインド洋大津波と、自然は荒れ狂い、その人的・物的被害は莫大であった。外交面ではイラク、北朝鮮の問題、とりわけ中国からは原子力潜水艦による領海侵犯がなされ、数々の内政干渉を受けた。その中で我が国経済界を代表する人からは、日本は「中華世界の一員になる覚悟が必要である」との発言さえなされたのである（参照：「大会議中国爆発」『文芸春秋』平成一六年一二月号）。これまでにも問題となった一部政治家と外務省チャイナスクールによる土下座外交とともに、このような売国奴的な言動が許されていいのだろうか。我が国の安全とともに危惧されてならない。そして、不況からの脱出がいまだになされ得ない中で、世相の悪化、特に犯罪の激増と凶悪化、しかもそれが年少化しているばかりか、最近では幼児虐待が多発し、母親による我が子殺傷や小学生による同級生殺しにまで至ると、それこそ畜生道に陥ったのかとさえ思わされる。そして最後には奈良女児誘拐殺人事件が招来したのである。

最初の自然災害には「備えあれば憂いなし」の諺に従い、被害を最小限度に留めるための準備と心構えが必要であろう。ハード、ソフトの両面にわたり、いわば官民一体となった取り組みがなされなければならない。しかしこれは、行政当局をはじめとする他人任せでは、いざという時に功を奏しないことに留意する必要があろう。

今年は「終戦六〇周年」という節目の年に当たる。この年にこそ、「日本国ガ再ビ米国ノ脅威トナリ又ハ平和及安全ノ脅威トナラザルコトヲ確実ニスルコト」を「究極ノ目的」として行われた米国による占領政策の余燼から完全に脱し、国際社会における日本としての国家理念を確立することが求めらる。何しろ占領軍の最高司令官であったマッカサー元帥でさえも、アメリカ上院において査問された際に「日本が第二次大戦に赴いたのは安全保障のためであった」と答弁したばかりか、トルーマン大統領との会談においてはっきりと「東京裁判は誤りであった」と述べ、アメリカ政府もそのことを暴露的に発表しているのである。もちろん我が国にも落ち度があっただろうし、反省すべき点もあったろう。しかし、過去に我が国が行ったことはすべて悪であったかのような自虐的・反国的史観から脱し、当時の国際的状況の中での我が国を全体的に把握し公正な判断を行うことが求められる。そしてたとえ中国から「歴史を鑑とせよ」などと恫喝されたとしても、「お互いにね」と胸を張り、国益を重視し、毅然とした態度で対応してほしいものである。

今年は中学校教科書採択の年となるが、特に歴史教科書には『学習指導要領』に明示された「我が国の歴史に対する愛情を深める」ことを可能にするものが採択されることが何としても願われる。祖先が営々と築き上げて来た我が国の歴史と伝統を否定した教科書で学習していては、生徒たちは自分が日本人として生を享けたことに嫌悪感を抱き、自暴自棄に陥ることは間違いない。諸外国との対等な対応もなされ得ないのである。

犯罪、とりわけ青少年犯罪に至っては、先の日本的伝統が軽視される中で日本古来の心が失われたことにその大きな原因があることは否定できない。とりわけ家庭、つまり祖先崇拝の下に家族の絆が結ばれ、その心が「向こう三軒両隣り」に及びやがては地域連帯感に至る筈であるが、今日、社会の構造的変化の中で家庭と地域社会が解体し、その教育力も弱体化した。このことが青少年非行の増加をもたらしていることは、多くの犯罪事例が示しているところである。今日進行を強めている少子高齢化が国の将来の活力に関わるものだけに、妊娠・出産・育児の在り方がそれこそ原点に立ち返って考え直されなければならない。このことについてはここでは、わたくしが会長を務める大津市子育て支援計画推進会議の席上で、長く民生・児童委員を務めてこられた某女性委員からの「正直言って子育ては大変でした。

しかし、それを通じて母親でないと味合うことのできない悦びをも与えられました。今は女性として生を享けたことに誇りを抱いています」という発言に対して、多くの女性委員が共感されたことを挙げるに留めさせて頂きたい。

いささか悲観的なことばかり述べたかもしれないが、しかしわたくしは決して諦めてはいない。わたくしたち日本人はいざという時にはまだまだ本領を発揮することが可能なことを、この度の台風や地震の被害地の報道からも知ることができた。特に奈良女児誘拐殺人事件である。あの生駒郡平群町の遺体が放置された道路脇には常に多くの花が供えられ、少女の冥福を祈り合掌する人が後を絶たなかった。そこには容疑者が逮捕された時にはメッセージが、お正月にはお年玉までが供えられていた。実に地域全住民によってその子の死が悼まれたのである。しかも事件以後、その学校の児童たちの通学は地域の方々の自発的な取り組みによって守られた。まさに「禍を転じて福となす」ことが実り、家族と地域の絆がより確固たるものとなったと言えよう。これまで及ばずながらも「子育ての基盤はあくまで家庭にある。そして、地域の子供たちは地域全体によって守られ育てられなければならない。それを促進し補完するのが行政の役割である」と主張し続けながらその運動の先頭に立たせて頂いてきた者として、実に涙のこぼれる思いであった。

事件防止のためには、防犯カメラやセンサーを設置したり防犯ベルを携帯することなども大切ではあろう。しかしそうだと言って、機械器具に安易に頼りきってしまうのでは、却って危険なのではなかろうか。あくまで我が身は我が身で守る、幼い子供たちのいのちは、親が、大人が我が身を挺して守り抜くという心構えこそ肝要なのであり、ここから子供の親、大人に対する信頼と感謝の念も育っていく。この「親心・子心」（ペスタロッチー）の下でこそ、機械器具が真の効力を発揮すると言えよう。このことは、新潟県での大震災を報道するテレビの映像にも明確に現れていた。これこそが「和をもって貴し」とする家族国家日本の伝統であり、何よりも今日に蘇らせたいものであると考える。たとえ細やかなことであっても、誰もが直ちにできることから始めたいものである。そうしてそれを、身近な郷里から全国へと広げていこうではないか。

（平成一七年一月一日記）

数え年齢八〇歳誕生の日に

――日本古来の心の蘇りを

一

日本人留学生が襲われた一昨年の西安寸劇事件、日本人サポーターに向けられた昨年のサッカー・アジア杯での暴動、そして今年の日本大使館・領事館や日本企業がターゲットとされた中国各地における「反日」暴力デモ。暴徒化したデモ隊員たちが日本大使館に投石したり日本企業のガラスを割っても、それを眺めているばかりか帰りのバスまで準備した公安当局。それらを見てあの日中戦争勃発前夜を想起したのは、決してわたくしだけではなかろう。小学生時代にはテレビもなく、中国による反日、侮日、抗日、排日の暴動と在留邦人に対する虐殺の連続等について知らされたのは、朝日新聞社発行の『小学生新聞』だけであったが、そのことについては今なお明確に覚えている。この我が国の進出企業・居留民に対する中国側の迫害が、日中戦争の要因となったことは疑いのない事実である。

もちろん、白色人種による根強い人種的偏見から「黄禍論」さえ唱えられていた当時にあって、日露戦争で白色人種に初めて勝利した有色人種である日本に対して猜疑と警戒の目を向けるとともに、一八九八年にハワイを併合し、さらに米西戦争によってフィリピンとグアムを領有し太平洋進出の足掛かりを得、さらに支那及び満洲における権益獲得を目指して我が国を仮想敵国と見なしていた米国。その米国が蒋介石政権を援助して行った日本叩き。また、その蒋介石軍の弱体化によって中共軍の勝利を得、共産主義革命を達成を目指していた旧ソ連の動き。これらの国際情報を摂取する能力の弱さ。この国際的状況の中で事を構えないことをモットーとし「軟弱外交」と非難されたような我が国外交の稚拙さ等々。これらを総合的・全体的に把握して考察されなければならない。

この度の反日暴力デモは、中国人が政府に向ける批判をそらすために日本を敵対国として行われている「愛国主義教育」の結果であるとされている。尖閣諸島問題を絡めた日本の国連安全保障理事会常任理事国入りを反対するために、中国政府がやらせた官製デモとする意見さえ出されている。事実、中国政府は「ウィーン条約」で規定されていた公館の威厳の侵害を防止する責務を果たすという国際条約に平気で違反しておきながら、我が国の町村外務大臣が大使館・領事館や日本企業の損壊に対する陳謝・補償、再発防止、日本人や企業の安全確保を要求したのに対しては全く応えないばかりか、却って「歴史問題における日本の誤った態度と行為に不満を持つ人々の自発的デモだ」と述べ、その責任はすべて日本にあることを強調するばかりである。これでは「愛国無罪」と叫ぶ暴力デモを煽動しているとしか考えられない。数日前から中国政府はようやくデモ規制に向かったと言われているが、これで果たして収束され得るであろうか。

これに対して我が国の小泉純一郎首相は、四月二二日にジャカルタで開催された「アジア・アフリカ会議」（バンドン会議）の席上で、「我が国は、かつて植民地支配と侵略によって、多くの国々、とりわけアジア諸国の人々に対して多大の損害と苦痛を与えた」と「反省と謝罪」を行ったとのこと。これもかつて細川首相が就任早々に「あの戦争は侵略戦争であった」と発言し、次の村山富市首相が「戦後五十年に当たっての首相談話」を発表するとともに、「終戦五十周年不戦決議」を強行採決させ、戦前の「植民地支配と侵略」を認めたばかりか、それが「国策の誤り」であるとし、それに対して陳謝したのと同じ趣旨に基づくものである。果たして我が国が他国を植民地化するために侵略したのだろうか。日本占領の総司令官であったマッカーサー元帥が米国上院で査問された際に、「日本が第二次大戦に赴いたのは安全保障のためであった」とし、「東京裁判は誤りであった」と明瞭に証言しているし、東京裁判の連合軍側十一人の判事の中で唯一の国際法の専門家であったインド代表のラダ・ビノード・パル博士もまた、「現在の歴史家でさえも、次のように考えることができる。すなわち、〝今次戦争について言えば、真珠湾攻撃の直前に米国国務省が日本政府に送ったものと同じような通牒を受け取った場合、モナコやルクセンブルク大公国でさえも、合衆国に対して矛《ほこ》をもって立ち上がったであろう〟」と言って下さっているのにである。それだけに、この二人の首相の「謝罪」が、どれだけ世界からの失笑をかい、国際的な信頼を失ったことか。小泉首相が再びそれを犯したことが残念でならない。

このことに関して、作家の神坂次郎氏の言葉を、少し長いがここで掲げておく必要があろう（神坂次郎『特攻隊員の命の声が聞こえる』ＰＨＰ文庫、平成三年）。

平成の泰平のなかで、〃あの戦争は侵略戦争であった〃と発言した細川首相の、戦争という重い言葉を、たった一言で片付けてしまった、その軽さには、恚《いか》りをおぼえるより前に、茫然としてしまった。その細川氏の発言が、イギリスのエコノミスト誌の巻頭論文にとりあげられ、〃この問題はサンフランシスコ条約で解決済みの問題で学者が言うならばともかく政治家が言うべきでない〃と失笑をかったのは周知のことであろう。

国際法上の知識もなく、国益を損なうこともわきまえず、誰彼なしに謝罪をしたがる政治家は、細川氏だけではない。昨年（平成六年）、東南アジアを歴訪した村山首相も、首脳会談の席上、〃侵略国日本の戦争責任〃について謝罪の意を表明したところ、マレーシャのマハティール首相から、〃この前の戦争のことを言い出せば、百年前、二百年前のことも問題となり、結局は植民地宗主国に対する補償問題に波及し収拾がつかなくなる。歴史に教訓を学ぶことは大切だが、過去ばかり見ているのは、いかがなものか〃と切り返され、絶句したという。

もっとも、長い年月、サンフランシスコ条約も、君が代も日の丸も、自衛隊も消費税も頑強に認めようとしなかったのを、総理になった途端に、一夜にしてすべてを容認してしまった人物である。一貫した歴史認識を求める方が無理かもしれない。

二

中国政府は事ある毎に「正しい歴史認識」を下に「歴史を鑑とせよ」と言うのであるが、その中国自体が「馬上より天下を取る」、また「政権は銃口から生まれる」ことを旨とする「易姓革命」以来、政府の政治的意図によって歴史を捏造し続けてきた国であることは、全世界が認めることである。今日にあっても、中国の歴史教科書で歴史がいかに捏造されているかは、勝岡寛次『韓国・中国「歴史教科書」を徹底批判する』（小学館文庫、平成一三年）と最近日本政策センターから刊行された『ここがおかしい中国・韓国歴史教科書——読んで呆れる「正しい歴史認識」』を読めば、実に明らかである。黄文雄《こうぶんゆう》氏によれば、「中華人民共和国は、帝国主義（日本）や封建主義（国民党）との闘争の結果、中国で暴虐行為を行ったことをなんとしてもでっち上げなければならないのである」（『反日教育を煽る中国の大罪』日本文芸社、平成一七年）。だから日本が中国に侵略し、「南京大虐殺」「三光作戦」「万人坑」等までをも日本軍が行ったこととしてデッチ上げて、日本軍が略奪、強姦、暴虐の限りをはたらき民衆を苦しめていたのであるが、中共軍はそれと戦って勝利し、民衆を救い、現在の社会主義国家を建設したのだと、言いたいのであろう。このため、当時の中国では内乱が続き、邦人を含む在中外国人の殺傷事件が多発していたことはもとより、一九五〇年にはチベットに進攻して百二十万人を虐殺したことや、毛沢東が一九五〇年代に断行した「大躍進」の政策の失敗によって三千万人が餓死したという事実等、自国に都合の悪いことは一切隠されており、中国の行動はすべて「平和的」であったかのように記載されている。もちろん我が国が行い続けてきた五兆円にも及ぶODA援助については一言も触れていない。日本が当然行うべき朝貢としか思っていないのかもしれない。

しかし忘れてならないのは、一九六四年七月一〇日に、日本社会党の佐々木更三委員長率いる訪中団が、毛沢東と面会し、日本軍進出の「過去」について「謝罪」をしようとしたのに対して、毛沢東は「日本は謝る必要はない」とさえぎり，むしろ正直に次のように語ったと言う（北海閑人著・膠廖建龍訳『中国がひた隠す毛沢東の真実』草思社、平成一七年）。

われわれ中国共産党はあなたがた日本軍国主義に感謝しなくてはなりません。日本軍がこの中国に侵略していなかったら、共産党の勝利はなかったたし、新中国の成立もなかったからです。

日中戦争では、実際のところ、蒋介石の国民軍と日本軍とを戦わせ、国民軍の力が弱まるのを待って討ち滅ぼしたいというのが中共軍の戦略であり、それをソ連が援助していたのである。だから日本軍は中共軍とは全く戦っていない。毛沢東はそのことを言っているのである。

わたくしはここで中国に対して（韓国に対しても同様であるが）宣戦を布告せよなどと主張するのではは全くない。戦後の日本が一貫して求め続けてきたのは、「いかなる問題も、武力によらず平和的に解決するとの立場」である。この立場は今後もできる限り堅持したい。しかしそのことは、これまでのように事なかれ主義に根ざす謝罪外交に徹することを決して意味しない。公正な歴史的・国際的判断の下に、あくまで毅然とした態度をもって我が国の立場を主張することが肝要である。捏造された歴史を共有させられる必要は毛頭ないのである。中国にしても韓国にしても、これまでの我が国の対応から、日本という国は強く言えばいかなる難題にも応じる国と見なしているとしか考えられない。そうして伝来的な華夷秩序を重んじ、アジア全体を制覇する国たらしめたいのではなかろうか。韓国もまたその中華にもっとも近い国との誇りをもち、遠い日本は蔑視の対象としたいのであろう。先に挙げた歴史教科書に関する二書からも、そのことが推測されるのである。

三

韓国のことは機会を改めて論ずることとし、最近、経済界の一部には、「政冷経熱」、つまり、政治的に中国との関係が冷却していることが、進出企業の商売を妨げているとして、日本政府に注文をつけることが横行していると言う。たとえば小林陽太郎富士ゼロックス会長や日本ＩＢＭの北城格太郎会長が靖国神社参拝を中止するよう小泉首相に要求したとされているし、また元伊藤忠中国総代表の藤野文晤氏は「日本人が中国と本気で付き合おうと思ったら、むしろ中華世界の一員になる覚悟が必要です」とまで言い出している（『文芸春秋』平成一六年一二月号）。金儲けのためには国を売ってもいいとするのだろうか。日本がチベット化しても構わないのだろうか。信用と責任を重んじた我が国古来の商業精神、「士魂商才」は消え去ったのだろうか。大和魂ないし武士道についても同様である。

ともかくもわたくしは、今、何としても日本古来の精神の蘇りを図らなければならないと考える。そうして戦後風靡してきた自虐史観・反国史観から脱却し、祖先たちが営々と築き上げて来た歴史を公正に評価し、反省すべき点は反省しながらも、その遺訓を継いで世界に冠たる国たらしめるように努めなければならない。

時あたかも、今年は中学校教科書の採択期に当たる。そろそろ審査が始まることであろう。何よりも文部省学習指導要領に明示されている「我が国の歴史に対する愛情を深め、国民としての自覚を育てる」ことのできる教科書が各地域の教育委員会によって採択されることが望まれる。このために全国民が注意を傾けたい。ここから日本人としての自覚と誇り、国民としてのアイデンティティも培われていく。

おわりに

激動の昭和時代を体験し、それだけに祖国の前途を思うことひとしおである。そして、五年前には二度も救急車のお世話になりながら、健康で数え年齢で八〇歳の誕生日を向かえさせて頂いたことに感謝し、非力ながらも余生を少しでも日本教育の再生に資することができればという願いが強まってくる。この思いから拙文をしたためた直後に、『戦後教育の反省とその再生』と題する新著が出版元の東京・学事出版株式会社より送られてきた（A5版、全二八四頁）。ここでは自分史と関わりながら戦後教育の問題点を明確にし、その克服ないし再生の在り方について提案している。もちろん、あの自虐史観からの脱却についても触れている。かなり厳しいことをも、何ら隠し立てすることなく述べた心算である。この日にまるでわたくしの誕生を祝うかのように本書が送られてきたことは、誠に奇しきことと感謝するばかりである。江湖のご高批をお願いしたい。

（平成一七年五月五日記）

青少年育成市民会議会長の退任に際して

来たる五月末の総会で、これまで二七年の長きにわたって務めて来た大津市青少年育成市民会議会長の退任を認めて頂けるようである。何しろ数え年齢で傘寿、労は厭わないとしても、余りにも長すぎるのではマンネリズムに陥る恐れがある。後の発展を願うならば、ある時期に若い方に交代することが必要である。これまで幾たびか事務局に退任を願い出たが諸般の事情もあり、認めて頂けなかった。それだけにこの度の事務局のご尽力に御礼申し上げたい。同時に、関係諸機関・諸団体及び各役員たちの格別なご支援とご協力のお蔭で大過なく任を終わらせて頂けることに満腔の感謝の念を捧げ、ますますの発展を祈りたい。これを機に青少年育成県民会議及び市民会議について少し思いを述べさせて頂こう。

㈠ 青少年育成国民会議及び県民会議の発足

戦後における社会の変化と共に青少年非行は量的にも増大し、質的にも多様化を続けてきたと言えるが、それが第一のピークに達したのは昭和二六年であった。一般的にはようやく生活に落ち着きが見出されるようになったとはいえ、生活苦から万引き等に走る子女もいまだに少なくなく、それは「貧しさからの非行」と特徴付けられるものであった。その後、減少していったとは言うものの、昭和三〇年以降、特にその後半の高度経済成長とあいまって非行が再び増加し、昭和三九年にはその第二ピークに達した。この時の非行は「繁栄のなかの非行」と呼ばれ、これまでの少年非行の概念では捉えられ難いものであった。さらに昭和五〇年からは第三のピークを招き、そこでの非行児は、経済程度も、教育程度も、中流ないし中流以上の、外見的には何ら問題のない家庭の子女であり、それは「遊び型非行」と特色付けられた。なお今日では「初発型非行」が問題となっており、しかもそれが激増するだけでなく凶悪化の傾向を深めていることは言うまでもない。

青少年育成国民会議が結成されたのは、その「繁栄のなかの非行」がピークに達した昭和四一年五月であった。世間の憂慮の中で、これは行政だけでの対応では効果はなく、全国民の一体的な活動として取り組むべきであるという声が高まるとともに、それも青少年問題に係る行政各部局が、また、青少年団体及び青少年育成団体が、これまでのように個々バラバラな活動を行っているのでは、とても対応し得ないことが指摘されたからである。事実、わたくしも例えば子供会の指導者研修会に招かれた場合に、その主催が民生部局か教育委員会かによって、方針が異なっていたことさえあった。総理府の主導によって関係諸機関・諸団体が連帯・協働し合う対策が講じられたのは、当然の措置であったと言える。

その青少年育成国民会議の結成に呼応して全国都道府県で府県民会議が結成されたが、我が滋賀県においては、いち早く同四一年三月頃から県厚生部婦人児童課が事務局となり、度重なる準備会が開かれ、青少年育成関係団体等七〇団体が相集い（その後二団体加入）昭和四一年五月一四日に全国最初の県民会議として誕生した。そうして、「青少年育成を図るために最も必要なことは、まずおとながその姿勢を正すことである」と決意し、県施策の強化と相呼応し、すべての関係者が協力して、青少年の健全育成を図るための一大県民運動を展開しようとしたのであった。

その県民会議誕生の日である。大津市内の某映画館がその日の夜間から深夜営業を行うことが知らされてきた。もし少年がそこに訪れるとしたら大変だということで、総会終了後直ちにそこに出向き、対応に努められた方もあった。中には中止を求める人もあったが、しかし「仕事の関係で深夜しか映画を視る時間がないから是非にと願う向きもあり、そのために深夜上映を行うのだ」という経営者の意見を聞き、ともかく青少年の深夜入場は禁じてほしいことを願ったことである。大きな問題が生じなかったことは幸いであった。

ともかく最初の間は、大型販店の店長等との懇談をもち、万引き防止を依頼したり、書店の店主に不良図書を青少年向きの書物とは別に置くこと等を依頼もした。カラオケ店を巡回もした。某百貨店の主任が「いくら中学生たちが店にたむろしていても、やはりお客さんですから、注意することができません」とか、「万引きされるぐらいの店でないと、繁盛しません。その分はちゃんと見込んで定価をつけていますので大丈夫です」などと言っていたことが思い出される。やがてその人たちも協力してくれるようになったし、書店を回っても、成人用図書と青少年向きの書物とはちゃんと分離されていたし、中には「不良図書は問屋から送られてきても開かずにそのまま返品しています」と言って下さる書店さえ出てきた。その後、「初発型非行防止対策協議会」が結成され、その種の主な活動はここに移った。もちろん量販店、コンビニ、書店、貸しビデオ店、カラオケ店等への巡回活動は、この協議会との連携の下に、市・町・村民会議で行われている筈である。

不肖わたくしは初代会長を務められた滋賀大学の上司の片淵勝二教授（心理学）から誘いを受けて準備会の時から参画し、発足後は常任理事兼青少年活動部会長を仰せつかり、事後、常任委員を六年、副会長を九年、そして会長を五六年から平成六年までの一三年間にわたり務めさせて頂いた。この間の活動については、昭和六一年一一月に滋賀県青少年育成県民会議から刊行された『青少年とあゆみつづけて二〇年』の中で「ひたすらに青少年の育成をめざして―育成活動二〇年の移り変わり」として述べている。

(二) 大津市青少年育成市民会議の発足

県民会議が行う運動を、いわば草の根にまで浸透するにはどうすればよいかは、最初からの課題であった。このためには県内各市町村にも市・町・村民会議の結成を図ることが必要であると考えられ、事務局の努力によって四四年には昭和四一年の一〇月一日現在では五〇市町村に市・町・村民会議が結成された。国民会議としては、当初、都・道・府・県民会議の結成までしか意図していなかったようであるが、当県では、全国に先駆けて市・町・村民会議を結成したことは注目に値すると言えよう。

大津市青少年育成市民会議が発足したのは、昭和四四年三月二六日であり、初代会長は西田善一元大津市長であった。大津市が他市町村より発足が遅れたのは、青少年問題協議会との関係からである。青少年問題が大きく取りざたされた当時にあって、大津市青少協は毎月一回開催され、年に一度の先進地視察をも行いながら、ほぼ二年に一度は市長に対して答申や意見具申を行っていたし、公開青少協と称して各学区の支所等で市民参加の協議会をも開催した。このように当時の大津市青少協が積極的な活動を行っていたために、それと市民会議の活動とが重複しはしないかと懸念する向きがあったため、他市・町・村民会議の発足より遅れたと言える。彦根市でも同様であった。わたくしはこの頃から大津市の青少協の委員に任ぜられていたため、両者の違いを何回も説明したことを思い出す。

しかし、市民会議の発足とともに同年八月には坂本学区で坂本学区青少年育成学区民会議が結成されたのを始めとして、各学区で徐々に学区民会議が結成され、昭和五六年のびわこ国体前には事務局の努力もあって市内全学区で青少年育成学区民会議が結成された。そうして、市民会議の傘下の中で各学区それぞれの特質に応じた活動が展開されていることは、全国的にも誇ることができるものと信じたい。実際、他市町村と比較し、本市ほどに地域活動が行われている所は少ないのではなかろうか。自治会長と学区民会議会長によって、地域での取り組みが大きく変わっていくことをどれだけ見たことであろう。

それだけに当時の青少年対策事務局の杉嶋局長と鎌田貞夫氏が、毎夜のように未設置の学区を訪問し説得してくれたことが思い出される。また、びわこ国体及び五四年の高校総体の主会場となる皇子山陸上競技場に近接する長等・滋賀・唐崎の各学区民会議の役員たちが相談し合い、「特別活動部会」を組織し、全国から来られる客人たちに安心してもらえるように地域環境を浄化する運動をと願い、少年センターと補導委員会連絡協議会との協力の下に、深夜を含めた愛のパトロールや有害図書を自動販売機から撤去する運動を実施した。これと連動した形で警察庁指定の「環境浄化推進モデル地区」であった瀬田・逢坂両学区民会議でも同様な運動が展開され、全市的に拡がっていった。やがてこの不良図書の自販機からの撤去運動は滋賀県青少年育成県民会議でも取り上げられ、全県的な署名運動が展開されていったのである。なお、この時の「特別活動部会」のメンバーは今でも当時を懐かしみ、「さつき会」と称するグループを作り時々集会を催している。

大津市青少年育成市民会議及び学区民会議の取り組みについては、平成五年に創立一五周年記念として発行した『伸びよう　伸ばそう　大津の青少年　――一五年の歩み』（大津市青少年育成市民会議）に委ねたい。ただ、この中で元青少年対策局長であった山本悟氏の熱意の下に昭和五八年度から始められた「親と子のまちづくりコンクール」が、学区民会議の活動を大きく促したことだけは、平成一五年度をもって財政関係から止めざるを得なくなり惜しまれるだけに、一言しておきたい。当初には応募団体の地域に赴き審査したものである。

わたくしとしては、各学区でそれぞれの地域の特色を生かした活動がなされることを願い、市民会議としては原則的な活動方針を示すとともに関係諸機関・諸団体との連携を図りながら、全体的に行う活動は最小限とすることに努めた心算である。国民会議、県民会議、市民会議、学区民会議のすべての活動が全国的に連動したものであるとしても、わたくしとしては、市民会議、学区民会議共に、いわゆる上意下達の活動としたくはなかったからである。その中で、市内のコンビニエンス・ストアの店長たちからの自発的な申し出によって「コンビニエンス・ストア防犯協会」が創立され、市民会議及び学区民会議との緊密な連携協力の下に活発な活動がなされていることは特筆すべきであろう。

(三) 事務局の問題

滋賀県青少年育成県民会議の発足とともに、その事務局は厚生部婦人少年課から企画部青少年室に移された。とかく青少年問題と言えば、その事務局は悉く教育委員会事務局に置かれがちである。しかし、青少年問題に係る施策が総合的に連携協力し合って展開され得るためには、その事務局は知事部局に置かれることは当然であろう。県民会議としても、青少年育成市・町・村民会議の結成と共に、その事務局は首長部局に置かれるべきことを提唱し、徐々に首長部局に替えられていった。ところが武村正義氏が知事に就任した途端に、県民会議の事務局が教育委員会青少年課に移されたことが新聞に発表されたのである。わたくしは早速、県庁に立ち寄り、直接知事に面談を求め、その非を訴え、早急に戻すことを申し出た。しかし、新知事の指示で職員組合委員から教委社会教育課長に就任した某氏は各市町村を回り、「県も教育委員会に移したので市町村もそうしてほしい」と言ったとのこと。その理由は分からない。このため例の野洲中学校事件の際には、わたくしは勤務終了後に毎日のように事務局に立ち寄ったのであるが、正直言ってその機能が十分に発揮されなかったことは否めない。この事件に対処するための県青少協及び県民会議常任委員会さえも開催されなかった。学校教員上がりの新任青少年課長では、県の他部局と連絡し合うことさえ難しかったのであろう。それに反し、同時期に起こった南郷中学校事件には、市としての対応が早急になされ得たと思う。また、県教委事務局から地方の県事務所に書類を送っても、県事務所には教育部局が置かれていないために、各課の青少年担当者に届いていなかったことさえあった。県事務所の青少年担当者に出会った時に、「この頃青少年問題はどうなっているのですか」と、よく聞かれたものであった。

青少年事務局が知事部局に返されたのは、やっと平成一五年度からであった。当時の県警本部少年課課長がかつて教委青少年課に出向していた経験があるだけに、青少年非行の激化とその凶悪化が進む中で学校と警察及び関係諸機関・諸団体との連携協力が特に求められることを改めて痛感されたからであると考えたい。

大津市にあっても、わたくしが関係し始めた当時には、青少年問題協議会を担当する部局は教育委員会であったり民生部局であったりして一貫していなかった。青少協としても、青少年問題が従来の考えでは対処し難くなった状況に即し、総合的な推進が肝要なことを度々提案した。それに応じて確か前市長山田豊三郎氏の助役時代に、青少協の副会長を仰せつかっていたわたくしに「青少年育成全般に係る事務局をどのようにするかを考えてほしい」と依頼され、県外の他都市をも訪問調査しながら報告したことがあった。青少年部を特置してはという意見もあったが、それを実施していた某市の状況から、どうしてもそこから逸脱する業務が出ることが分かり、やはり全体を総括し総合的な施策を講じる中でそれぞれが連携協力を図りながら各部局の特質に応じた事業を営むことが肝要であるとの結論に達した。

それ以来、助役を本部長とする青少年対策本部の趣旨に基づき、その事務局が市長部局に置かれ、市としての青少年施策が総合的に計画され、それを下に関係各部局がそれぞれの特質を生かしながら協力し合う施策が講じられている。例えばこの度の「大津市子育て支援計画推進計画」にしても、それを担当した福祉保健部福祉企画課はその青少年対策本部会議に図りながら当委員会を運営していったのである。

ちなみに野崎知事時代には毎年五月に希望が丘で「滋賀県青少年一万人の集い」が開催されていた。それは各市町村の青少年団体が合い集い、郷土の芸能や名産物を披露しながら交流を深めたものであり、常陸宮ご夫妻をお招きしたことさえあった。ところがこれが武村知事になってから、突如廃止されてしまったのである。先の事務局の移動とともに、県民会議にも何らの事前相談なしにである。その理由は分からないが、「滋賀県民の歌」が全く歌われなくなったこととともに、残念でならない。その点、大津市では市長が代わっても「大津市民の歌」は歌い継がれているし、「大津っ子祭り」はますます盛況となり、発足当時は少年であった親たちも我が子と共に懐かしみながら参加し、全市民から大きな期待を抱かれている。これも、各部局の青少年施策と関係諸団体を総括する事務局を中心に互いに連携協力を図りながら活動しているからであろう。しかし、この趣旨が生かされなかったために、今も気になることが二つある。

先ず、「少年センター」である。わたくしとしては先に山田元助役から相談を受けた際にも、少年センターを市長部局の青少年対策室の管理下に置こうとした。と言うのは、少年センターは教育関係だけでなく、警察、福祉、労働等々の部局の協力が肝要とされ、教育委員会事務局では、とてもこれらの関係諸機関との連携を図ることが難しいと考えたからである。ところが当時の企画部長は、「企画部では事業はしない」と言って取り上げようともしなかった。結局は当時の教育長の「事務局に一人でも職員が増えることは有難い」との一言によって、教育委員会事務局の管轄下に置かれたのである。当時の少年センターの所員たちは、ほとんどが小・中学校長を退職した方々であったが、常に青少年対策事務局との連携に努められ、市民会議の会合にも常に出席し協力して下さっていた。今はそれも希薄となり、独立施設となっている感なきにしもない。こうも少年非行が多様化し凶悪化している時に、それで十分な機能を発揮し得るかが心配でならない。特に本年度からこれまでは福祉協議会が担当していた「薬物乱用対策」が、少年センターに移されると言う。県からの指令であるとはいえ、少年センターにその対応が可能な運営がなされているであろうか。相談事業でさえ十分とは言い得ない中で危惧されてならない。

もう一つは、山田豊三郎前市長の勇断によって実施された広域生徒指導制度である。これは中学生による非行激増に対処するため、市費によって市内全中学校に校外生徒指導主事を置き、その学区内の幼稚園・保育所、小学校、高等学校、家庭及び関係諸機関・諸団体との連携・協働を促進しようとするものであった。これも提案は青少年対策室であったが、当時の教育長は生徒指導の延長としか考えなかったのであろうか。市民会議に諮ることもなく、教育委員会管轄で実施したのである。そのメンバーは学区民会議の役員とほぼ同じであっただけに、両者の会の関係に苦慮したことも報告された。市民会議としては、各学区民会議の協力を願うとともに、担当生徒指導主事から報告を受ける機会を度々もったのであるが、特に幼・小・中学校及び地域内の関係諸機関・諸団体との連携協力の面でかなりの成果を収めていたことは間違いない。それらに関する調査もなされていた。にもかかわらず、この制度が突如廃止された。初発型非行の増大とともに校外指導よりも校内相談機能を充実したいとの理由からであった。教育委員会で廃止を決定してから市民会議に報告されるのでは、どうしようもない。家庭、学校、地域社会、関係諸機関・諸団体の連携協力がより一層求められていた時だけに、惜しまれてならない。意欲的に取り組んでいてくれた中学校長からも、わたくしに「惜しいです」と言われたものである。この広域生徒指導主事制度の廃止が、とかくありがちな、地域からの声に一々耳を傾けていたら繁雑で仕方がないとする教育委員会の秘密主義に起因するものでないことを信じたい。

おわりに

わたくしが大津市青少年育成市民会議に直接関係させて頂いたのは、青少年問題協議会で副会長を仰せつかってからであったろう（会長は市長）。そうして、二代目会長の福谷恒太郎元晴嵐小学校長が逝去されたことから、青少協の副会長として昭和五三年七月の総会で三代目会長に就任した。なお、同五六年五月には、県民会議の方でも四代目会長であった西田善一氏の逝去に伴い、副会長であったわたくしが会長となることが総会で決定された。わたくしは「県と市との両方はとても務まらない。市民会議の会議は大学で講義や会議のない日に開けるが、例えば他の会の総会への出席を求められた際にも、その時に所用があるために副会長に代理出席を願うことさえできない。その副会長も自分の所属する会を代表して出席することになっているからだ」と言って、退任を願い出たが認められなかった。

平成四年に滋賀大学を停年退官し京都女子大学に契約教授として勤務することになった際にも、その二、三年前から、先の理由とともに、「滋賀大学であるならば、これまでのように何か相談事がある際には、講義や会議のない時間帯に大学に来て頂くことができた。しかし、京都ではそれができない」と言って、県当局に退任を申し出た。しかし適当な後任者がなく、ようやく退官二年後の平成六年になって退任を認めて頂くことができたのである。それも、県生涯学習課参事の山本富夫氏の努力によって、大久保昭教元天理大学学長に会長就任を引き受けて頂くことができたからであった。結局、上述したように、常任理事を昭和四一年から六年間、副会長を四七年六月から九年間、会長を五五年五月から平成六年六月までの一三年間にわたって務めさせて頂いたことになる。大津市の方も、はじめに述べたようにこれまで毎年のように退任を願い出ながらも、結局、二七年間もの長きにわたり会長を務めさせて頂いたこととなる。大過なく任を終わらせて頂けたのは、偏に皆々様からの絶大なご支援とご協力の賜物である。

実際、一時的とはいえ、至らない身で県と市との両方の会長は、正直言って時間的にも精神的にも大変であった。しかし、市民会議を預からせて頂いたからこそ、県民会議会長として各市町村の実際の活動を念頭に置いた運営を行わせて頂くことができたのであろう。また、市民会議としてなすべきことをやらせて頂くことができたことは間違いない。ともあれ、長年にわたり滋賀県青少年問題協議会及び青少年育成県民会議と大津市青少年問題協議会及び青少年育成市民会議の両方に関係させて頂いたからこそ、青少年対策ないし教育に対して具体的な発言がなされ得たと思う。これが単に大学の研究室で書物を読み考えただけでは、抽象的な観念論しか出なかったことは間違いない。そして多くの方々とお付き合いさせて頂くことができたことに感謝するばかりである。この度、畏友の田中豊次氏に市民会議会長をお引受け頂き、厚く御礼申し上げたい。新会長の下に市民会議及び学区民会議がその加入諸団体と共にますます発展することを祈念してやまない。わたくしも、これからも至らぬ身ながらも違った立場からご協力を続けさせて頂きたい。

（平成一七年五月二十日記）

森岡正宏厚生労働政務官のA級戦犯発言を支持する

去る五月二八日付の新聞で、森岡正宏厚生労働政務官の「A級戦犯は罪人でない」とする発言を知り、絶大な敬意と賛意を表する者である。しかしその中で、与野党間にもそれに対する批判の声がいぜん強いことを知り、残念でならない。しかも三〇日付の新聞には、中川秀直国対委員長が「靖国神社と遺族の協議による自発的なA級戦犯の分祀の実現に期待」の意を示し、与謝野馨政調会長もそれに同調したことが報道されている。

周知の通り、A級戦犯とは東京裁判が「勝てば官軍」とばかりに、勝者がすべて善であり敗者が悉く悪であるとする立場から一方的に判決したものであり、日本はその判決の結果をやむなく「受諾」したものに過ぎない。パル判事が当初から「この裁判は、国際法に違反しているのみか、法治社会の鉄則である法の不遡性まで犯し、罪刑主義を踏みにじった復讐裁判に過ぎない。したがって、全員無罪である」と論じ、連合軍総司令官であったマッカーサー元帥でさえも、帰国後にアメリカ上院で査問された際に「日本が第二次大戦に赴いたのは安全保障のためであった」と答弁し、トルーマン大統領との会談においてはハッキリと、「東京裁判は誤りであった」と報告したと言われている。

そうして我が国においても、昭和二八年八月三日の第一六回特別国会で、「旧敵国の軍事裁判によって有罪と判決された人々を日本国内では罪人とは見做さない」という画期的な判断基準が示された法改正が、自由党、改進党、右派・左派社会党と、与野党挙げての全員一致で可決されているのである。その結果、靖国神社への合祀も実現された。

武部勤幹事長は「国会議員が自分の意見を述べるのは許されている」と言ったとされているが、国会で議決されたことが何時の間に単なる個人的見解とされるに至ったのだろうか。中川、与謝野御両人もその国会決議をご存じなかったのだろうか。そうして、国会が靖国神社に祭神の分祀を勧告するのは、それこそ政教分離の趣旨に反するものであろう。ましてこのことに対してご遺族の自発的意思を求めるのは何という非礼であり、非人情なことか。これは国難に殉じて頂いた方々の御霊に対する冒涜以外の何ものでもなく、まして戦後の六〇年間、屈辱感の中でひそかに暮らしてこられたと思えるご遺族様方の心を踏みにじるばかりか、たとえ戦犯であったとしても「昨日の敵は今日の友」とし、死ねば誰もが神仏として祀られてきた日本人古来の心に反するものであると言わなければならない。

Ａ級戦犯問題を中・韓両国が外交のカードにし始めたのは、昭和六〇年に中曽根元首相が靖国神社に公式参拝を行ったことに対して中国側から強い反発を受け、直ちに過去の戦争を侵略戦争と認め、以後の参拝を止めるという完全降伏の姿勢を見せてしまってからであることには間違いない。にもかかわらず、その中曽根元首相はその反省もなく、Ａ級戦犯の分祀と靖国神社の代替施設を求めている。そればかりか現在、「東アジア共同体評議会」の会長をも務めているとか。これが我が国をあの華夷秩序の下に置き入れようとするものでないことを信じたい。さらに、「あの戦争は侵略戦争だった」と軽々しく発言して世界から失笑をかった細川元首相、謝罪のために東南アジアを歴訪した村山元首相、そして偽報であることを確かめもせず認めて謝罪し教科書検定に関して「近隣諸国条項」を課した宮沢喜一元官房長官、これまた事実を調査することもなく従軍慰安婦強制連行を認めて謝罪した河野洋平元官房長官等々は、万死に値するものと言えよう。しかもその河野洋平氏は現在衆議院議長でありながら、去る六月一日に憶面もなく五人の首相経験者を招き、小泉首相の靖国神社参拝取りやめを提起したとか。立法府と行政府の長の経験者が集まり、現職首相の外交に圧力をかけようとすること自体が、問題ではなかろうか。

支那事変及び大東亜戦争が何であったかは、当時の国際情勢をも踏まえながら全体的に公正に捉える必要がある。それを悉く正当化する心算は毛頭ないが、しかし我が国が悉く悪であったというのは全く間違っている。まして我が国が朝鮮や中国を植民地化するために侵略したことは、皆無であると言わなければならない。まして韓国があの時に我が国に合邦されていなかったらば、どうなっていたことであろうか。そしてその地を近代化するために、我が国はどれだけ多額の国幣を持ち出したことだろうか。西欧諸国がアジア・アフリカで行った植民地政策と併合時代に我が国が朝鮮に対して行った諸施策との違いは、やがては歴史が証明してくれることであろう。

あの大東亜戦争が勃発した昭和一六年十二月八日当時、わたくしは旧制中学校三年生であった。山本健吉氏は詩人の斎藤茂吉氏の当時の気持ちを「果て知らずの泥沼に陥ったような支那事変のうっとうしい重圧から、一気に解放されたような感激であった」と表現されているが、わたくしたちの気持ちもそれと全く同様であったことが思い出される。その支那事変勃発時は、侮日、反日、排日の言動と残留邦人殺傷の続発、まさに今日の中国の状況そのものだった。そうして、あの「君死にたまふことなかれ」の歌で反戦女流詩人とされている与謝野晶子女史も、大東亜戦争勃発時に次のように詠っていたのである。

み軍《いくさ》の詔書の前に涙落つ代は酷寒に入る師走にて
日の本の大宰相も病むわれも同じ涙す大き詔書に
水軍の大尉となりてわが四郎み軍に往く猛《たけ》く戦へ
子が乗れるみ軍船のおとなひを待つにもあらず武運あれかし

我が国が自律国家として、他国、とりわけ中・韓国に対しては、毅然とした態度で対応する必要がある。これまでの我が国の外交姿勢によって、中・韓両国からは日本は強要すれば何でも言うことを聞く国と見做されていることは間違いない。我が国は国益を踏まえ、もっと強くならなければならない。このために、正しい歴史認識の下に世論が喚起され、国民としてのアイデンティティが確立されることが肝要である。わたくしもこのことに少しでも資することができればと念じ、この度、東京学事出版より『戦後教育の反省とその再生』と題する書物を上梓し、以上のようなことをも考察し世に訴えたばかりである。それだけに、森岡正宏厚生労働政務官のご発言に深い敬意と賛意を捧げ支持し、ますますのご活躍を祈るとともに、この見解が国民の世論として益々高まっていくことを念じたい。

（平成一七年六月五日記）

（本論は、日本政策研究センターからの呼び掛けに応じ、森岡議員には発言に対する支援を、与謝野、中川両議員には発言の取り消しを求める文章をファックスで送付したものを合体させて作成したものである。）

教科書問題と関わって

(一) 正常な教育を目指して

戦後、東京裁判史観とマルクス史観とが奇妙に一体化した自虐的・反国的史観が既に中・高等学校の歴史教科書にはもとより小学校の社会科教科書にまでも影響を及ぼしており、まさに「国民を自国に絶望させることが革命への最も早い道である」(レーニン)とする左翼革命イデオロギーによって、今日の教育が大きく毒されていると言わなければならない。

特に昭和五七年に、高校社会科教科書検定に際し、新聞が文部省は「侵略」を「進出」と書き換えさせたと報じ、それに対して中・韓両国が猛烈な抗議を行ったことに対して、それが誤報であったことは直ちに判明したことにもかかわらず、当時の鈴木善幸首相や宮沢喜一官房長官はその事実を確認することもなく、我が国の過去の行為が中国や韓国を含むアジアの国々の人々に多大な苦痛と損害を与えたことを反省するという「宮沢談話」を発表した。そして、教科書検定基準の中に「近隣諸国間の近現代史の歴史的事象の扱いに必要な配慮がなされること」という「近隣諸国条項」が設けられた。さらに平成五年には、戦時中に韓国の女性を従軍慰安婦として強制連行したとする吉田清治の偽作『私の戦争犯罪―朝鮮人強制連行』（昭和五十八年）に基づいて韓国人が反発したことに対して、当時の河野洋平官房長官はこれまたその事実を全く確認することなく、慰安婦への軍の関与と強制的な徴集を認めて謝罪した。これらのことがどれだけ国益を損ねたことであろうか。また、それ以来、どれだけ歴史教科書を歪曲させたことであろうか。今何よりも大切なのは、日本人が公正な歴史認識の下に日本人としての誇りを抱き、自分の果たすべき役割と責任に目覚めていくことにあると考えたい。

一

先ず、アジアの中で我が日本だけが西欧の植民地とならず、独立国としての近代国家を築き得たことは、世界史の中の奇跡とさえされていることに誇りをもちたい。

そして、その後の日清・日露の戦いは不凍港を求めて南進するロシアに対する自衛のための戦いであり、もしそれに我が国が勝利を得ていなかったならば、日本と韓国はロシアの属国となっていたかもしれない。また、日露戦争は世界史の中で有色人種が白色人種に勝利を収めた最初の戦争であり、これによって西欧諸国の植民地化とされてきたアジア諸国の人たちがどれだけ独立への機運を高めたことであろうか。

日韓合邦が武力によってなされたものでは決してなく、明治四三年八月二二日に調印された「日韓併合に関する条約」によって「韓国皇帝」が朝鮮の統治権を「日本国皇帝」に「譲与」したのであり、「日韓合邦は当時、日韓両国双方の政府、民間だけでなく、英・米・独・仏列強諸国が賛成した」ものなのであった（名越二荒之助『日韓2000年の真実』ジュピター出版、平成一一年）。その経営にしても、西欧列強諸国がアジアやアフリカで行ったような植民地支配とは決して同一でない。ドイツの哲学者・教育学者シュプランガー（E.Spranger,1882―1963）は昭和一二年から約一年間来日した際に、当時の京城帝国大学でも講演を行うために訪朝した際に、次のように語っている（『日本の印象』早稲田大学、昭和一二年）。

私は朝鮮では日本の植民する能力の印象を得ました。朝鮮では数十年の間に創造されたものは、新しい支配者の屋根のようなもののみではありません。それは根底からの建設であります。農業と教育からの建設であります。朝鮮で取られた道はかかる文化的業績の模範を意味するように思われます。

それなのに、どうして我が国は韓国に対して反省と謝罪を必要とするのか。有名な『生活者の日本統治時代』（三交社、平成一二年）の著者である韓国人の呉善花《オ・ソファ》女史も「日本人が本当に、韓国と北朝鮮との良好な関係を築きたいと考えるなら、あんなに容易に謝罪してはいけないのです。真の友情を欲しているのなら、歴史にかかわる誤解を解かなければならない、そう努めることが相手を認めた善意ある態度だと思います。日本人が容易に謝罪するのは、所詮韓国も北朝鮮も重要な国ではない。本気でつき合いたい相手ではないと無意識的にせよ思っているからではないでしょうか。それが謝罪とは裏腹に見下したような態度にも映る」と言っているのである（『正論』産経新聞社、平成一四年一二月号）。

満洲国にしても、万里の長城以北は当時の中華民国の支配外の土地として馬賊や匪賊が跋扈していた。日本はその辺地に「五族協和・王道楽土」を夢として「二〇万の生命と二〇億の国幣」をかけて精魂を傾けて平和的・合法的に建設してきたとされている。

日支事変から大東亜戦争に至る道も、我が国の抱えていた諸問題を当時の国際的な時代背景の下に全体的に考察されなければならない。もとより歴史家でないわたくしがそれを万全に行うことは到底できないが、可能な限り関係書物を読んで考えることに努めてはいる。そこから少しだけ言うと、当時の内戦続きの中国にあっては極端な程の侮日・反日・抗日の動きの中で在留邦人や軍人に対する虐殺事件が続発していた。そのために日本軍が中国に派遣されることになる。そこへ昭和一二年七月七日に夜間演習中の日本軍が中国軍事既設陣地から数発の小銃弾による不法射撃を受け、この盧溝橋事件が発端となって日支事変へと突入することとなったのである。

また、当時にあって見逃してならないのは、白色人種による有色人種に対する根強い人種的偏見である。日露戦争で白色人種であるロシア軍が有色人種である日本軍に敗北したことから、その勝利を収めたイエロー・モンキーの日本人に対して欧米諸国から猜疑と警戒の眼が向けられるようになっていたことは否定できない。とりわけ米国は一八九八年にはハワイを併合し、さらに米西戦争によってフィリピンとグアムを領有し太平洋進出の足掛かりを得、さらに中国及び満洲における権益獲得を目指して「オレンジ・プラン」を策定し、対日戦争への準備を行っていたと言われている。それ以来、様々な対日対策が講じられているが、ここでは割愛することとして、この日支事変に際して米国がいわゆる「援蒋ルート」を通じて蒋介石の国民政府軍にどれだけの援助を行い続けてきたことだろうか。当時から「日中問題」は実のところ「日米問題」だったのである。そうして、「ABCD（アメリカ・ブリテン・チャイナ・オランダ）包囲網」による経済封鎖のために国民の日常生活までが脅かされ、最後にはあのような「ハル・ノート」を突きつけられたのであった。これに対して、極東軍事裁判における連合国側一一人の判事の中で唯一の国際法の専門家であったインド代表のラダ・ビノード・パル博士は、次のように言っている（田中正明『パール判事の日本無罪論』小学館文庫、平成一三年）。

現在の歴史家でさえも、次のように考えることができたのである。〝今次戦争について言えば、真珠湾の直前に米国国務省が日本政府に送ったものと同様な通牒を受け取った場合、モナコ公国やルクセンブルク大公国でさえも、合衆国に対して戈をとって立ち上がったであろう〟と。

二

もちろん、我が国の対応の拙さもあったことは否定できない。軍部の独走や統帥権干犯もあったろう。それにしても、本来は「喧嘩両成敗」であるべき筈のものが、とかく「勝てば官軍」とされがちであるとはいえ、極東軍事裁判、いわゆる東京裁判はまさにその最たるものであり、戦勝国という立場からのみ敗戦国である日本を裁き、日本側の主張はすべて却下されて、戦争責任は悉く日本に押しつけられたと言わなければならない。パル博士も次のように言っている（前掲書）。

この裁判は、国際法に違反しているのみか、法治社会の鉄則である法の不遡性まで犯し、罪罰主義を踏みにじった復讐裁判に過ぎない。したがって、全員無罪である。

連合国軍総指令官のマッカーサー元帥はこの東京裁判から二年半後に解任されて帰国したが、彼は帰国するとアメリカ上院において査問されている。その時、彼は「日本が第二次大戦に赴いたのは安全保障のためであった」と報告し、トルーマン大統領との会談においてははっきりと「東京裁判は誤りであった」と報告したと、アメリカ政府は暴露的発表を行った。このマッカーサー答弁は欧米では盛んにニュースとして流されたようであるが、日本ではどうしてか意外に国民には知らされなかった。この答弁書は今になってようやく雑誌『正論』（産経新聞社刊）に日本語訳が連載され始め、その完成が待たれる。その答弁の中のもっとも大切な部分を、ある書物から抜き出しておこう（高橋史朗『検証・戦後教育』ＰＨＰ研究所、平成七年）。

日本は八千万に近い莫大な人口を擁し、これが四つの島の中にひしめいていました。その半分は農民で、残りの半分が工業に従事していました。潜在的に、日本の擁する労働力は量的にも質的にも、私がこれまでに接した何れにも劣らぬ立派なものです。歴史の経過のどこかで彼らはいわゆる労働の尊厳を見出しており、怠けている時よりも働き生産している時の方がずっと幸福だということを発見したのです。これほど巨大な労働能力をもっているということは、とりもなおさず彼らが働き続けるものを持たなければならないということを意味します。彼らは工場を建てた。労働力はあったが、原料がなかった。実際、日本の固有なものと言ったら、蚕以外には何もない。綿花がない、羊毛がない、石油の産出がない、スズがない、ゴムがない、その他実にたくさんの原料がない。そしてそれらのすべてがアジアの海域にあった。日本人はこういう原料を断たれたら、一千万から一千二百万の失業者が出るのではないかと恐れた。それゆえに、日本が戦争に飛び込んでいった動機は、大部分が安全保障に迫られてのことであった。原料――日本の製造業に原料を供給した諸国、マライ、インドネシア、フィリピン等の国々――日本は軍備を充実し奇襲を利してこれらの基地を全部、手中に収めた。彼らの一般的な戦略概念は、この遠隔の地にある防塁、太平洋の諸島を確保するにあった。……日本が降伏した時、私がかつて見たこともないほど立派な地上部隊を少なくとも三百万持っていた。彼らが屈伏したのは戦うための軍需品をもっていなかったからです。

とはいえ、日本に対する米軍の占領政策は「日本ガ再ビ米国ノ脅威トナリマタハ平和及安全ノ脅威トナラザルコト」を「究極ノ目的」として行われたのであり、その中でもっとも効果的に作用したのが、「戦争に関する罪悪感を日本人に植えつけるための宣伝計画」（War Guilt Information Program）であった。これは「各層の日本人に、彼らの敗北と戦争に関する罪」などを「周知徹底せしめる」ために、昭和二〇年一二月二日付一般命令第4号として出され、同年一二月二一日付のGHQダイク民間情報局長のメモには、「戦犯容疑者の逮捕及び裁判に関連して採用される」と書かれている。そうして、これが「真相はこうだ」と題するラジオ放送によって、太平洋戦争がドラマ化され、昭和二〇年一〇月に始まった東京裁判開廷前、開廷中、昭和二三年一一月の判決までのおよそ三段階に分けて毎週放送され、やがてこれが「真相箱」と改称されて、昭和二二年一月一一日から二三年一月四日まで放送された（櫻井よし子『「真相箱」の呪縛を解く』小学館文庫、平成一四年刊）。また、昭和二〇年一二月八日から一〇日間、すべての新聞全国版に「太平洋戦史」を連載させてもいる。さらに、理研製作記映画や日映製作ニュース映画が、民間情報局の後援の下に上映されたのである。このようにして、日本人のマインド・コントロールが巧みになされ、ここに作用していた支配者階級と被支配者階級との対立相克の問題が、マルクス主義の歴史観と一体化して、例の自虐史観・反国史観となったと言えよう。そうして歴史の捏造が行われ、その見方、考え方こそが真実であり、民主主義・平和主義に適うものであり、それ以外のものは保守的・反動的なものとして排撃されたのである。口では反米を唱えながらも、あの戦争を連合国的定義によって断罪することが、いかにも「進歩的平和主義者」であるかのような意見が幅を利かし、太平洋戦争を引き起こした原因が悉く日本にあるとするばかりか、例えばあの南京虐殺事件のように、その事実を確かめもせずに、それが真実であったとして内部から告発することを、あたかも正義であるかのようになされてきたと言わなければならない。

戦後五〇年以上を経過した今日にこそ、この事実を正しく理解し、一日も早く自虐史観から脱却することが求められていると考える。もとよりわたくしは、今次の戦争を悉く美化しようとする者では決してない。しかし、私たちは歴史を正しく捉え、反省すべき点は謙虚に反省しながらも、何はともかく東京裁判の呪縛から一日も早く解放され、あの自虐から脱して敗戦国日本が受けた冤罪を晴らし、子孫たちに日本人としての誇りと責任に目覚めさせていかなければならないと考えるのである。この意味からも、あのパル博士の言葉をここに挙げておきたい（前掲書）。

時が、熱狂と、偏見をやわらげた暁には、また理性が、虚偽からその仮面を剥ぎ取った暁には、そのとき、正義の女神はその秤を平衡に保ちながら過去の賞罰の多くにその所を要求するであろう。

三

最後に、例の南京虐殺事件について簡単に述べておきたい。南京虐殺事件と称される事件は、田中正明氏、東中野修道氏、阿羅健一氏らの長年にわたる誠実そのもののご研究を通じて、いまやそれが「捏造」であることが明確となったと言うことができよう。近著として、藤岡信勝・東中野修道『「ザ・レイプ・オブ・南京」の研究――中国における「情報戦」の手口と戦略』（祥伝社、平成一一年）、竹本忠雄・大原康男『再審「南京大虐殺」』（明成社、平成一二年）、田中正明『南京事件の総括』（展転社、平成一三年）、北村稔『「南京事件」の探求――その実像をもとめて』（文春文庫、平成一三年）、阿羅健一『「南京事件」日本人四八人の証言』（小学館文庫、平成一四年）、東中野修道『一九三七年南京戦略の真実』（小学館文庫、平成一五年）、東中野修道「やっぱりなかった南京大虐殺」（『正論』産経新聞社、平成一五年九月号）、東中野修道・小林進・福永慎次郎『南京事件「証拠写真」を検証する』（展転社、平成一七年刊）等をお読み頂きたい。

「南京虐殺事件」とは、昭和一二年一二月、日本軍が南京を攻略占領した際、約二ヵ月間に亘って、多数の中国軍捕虜・敗残兵及び一般市民を不法に殺害した事件であると言われており、そこで虐殺された数は、二〇万以上とも、三〇万とも言われ、最近では四〇万との説さえ出されている。しかし、当時の国際委員会が難民に食糧を供与するために人口を掌握したものによると、一二月一七日、二一日、二七日にはそれぞれ二〇万人以上と記載されており、それが一月一四日になると二五万人となり、五万人も増えている。二〇万人しかいないところで、どうして三〇万人以上を虐殺できるのだろうか。しかも、二〇日足らずで五万人もが増えたと言うのは、治安が回復して、近隣に避難していた市民が帰還したものと考えられる。それに当時南京に駐留していた各国の新聞記者たちは虐殺について全く報じておらず、ただ英「マンチェスター・ガーディアン」中国特派員H・J・ティンパリーだけが、昭和一三年七月に、日本軍占領下の南京に残留した欧米人の文書等を集めて『戦争とは何か』をロンドンの社会主義系書店から発刊して、「日本軍が不法にも捕虜などを四万人近く殺害した」と主張したのに過ぎない。ところがこのティンパリーは中国国民党中央宣伝部顧問に就任しており、中国国民党政府が日本軍の残虐な行為を欧米に宣伝して中国への同情を集めるために彼に依頼して書かせたものであることが明らかにされている（参照：北村稔『南京事件の探求』文春文庫、平成一四年刊）。最近では、中国系アメリカ人アイリス・チァンが『ザ・レイプ・オブ・ナンキン』と題する「とんでもない」反日宣伝本を出版し、米国内では大変な売れ行きを示していると言われている。しかし、そのチァンは最近自殺したとか。国内でも一部政治家が研究もせずに謝罪を繰り返し、歴史教科書には虚偽が事実として記述されているばかりか、被虐殺者の数が段々と増加さえされているのである。このままで行くと、世界中から事実として認められかねない。これは我が国にとって大変なことである。田中正明氏は「当時の日中の参戦者を中心に公正なる第三国人を交えて、真相究明のための国際委員会を設け、一刻も速やかにこのいまわしい事件の真実を明らかにすること」の必要を強調されているが、わたくしも全くこれに同感である。南京戦に参戦して下さった方々に対しては当然であるとともに、日本国民の名誉に関わる問題であるだけに、何としても毅然とした処置を講じてほしいものである。

また、いわゆる「百人斬り競争」の汚名を着せられ、南京で銃殺刑に処せられた向井敏明少尉と野田毅少尉についてである。『東京日日新聞』（現在『毎日新聞』）が日本軍の南京攻略過程で昭和一二年一一月三〇日から一二月一三日までに四回にわたって報道したものであるが、これが従軍記者が戦意高揚のために書いた創作記事であり、軍刀ではとても百人を斬ることはできないようであるし、またお二人ともそれができるような部署に就いてはおられなかったのである。それなのに、朝日新聞社の本多勝一は昭和四六年に同夕刊紙上に連載した『中国の旅』の中で、「競う二人の少尉」の見出しの下に「百人斬り」を三回行ったという伝聞記事を載せて大反響を招いた。その『中国の旅』は単行本として出版され、今なお文庫として出ているとのことである。もちろん、朝日新聞社、毎日新聞社、そして本多勝一からは、この虚報に対してこれまで一言の陳謝もなされていない。もちろん、訂正記事も出されていない。他方、中国では盧溝橋のほとりに建てられた「中国人民抗日戦争記念館」の中に「日軍暴行館」という展示室があり、そこで「百人斬り競争」の展示がなされているとのこと。今日、本多勝一の『中国の旅』を読んだり、中国の「日軍暴行館」を観た人たちが、向井、野田両少尉のご遺族に対して失礼な言動に走ることさえあるらしい。日中平和を祈念しながら無実の罪に殉じられた両少尉の無念に馳せなければならない。政府としても、このままにしておき、靖国神社問題と同様に中国からカードとして利用された時に、いわゆる土下座外交で済ませることが、真に日中両国の友好親善となるのだろうか。真実を明らかにして相手に堂々と訂正を申し入れるべきであると考える。

向井、野田両少尉のご遺族様方は、平成一五年四月二八日に、毎日新聞社（東京日日新聞社）、本多勝一、朝日新聞社、柏書房（『中国の旅』の出版元）を被告として、名誉棄損に基づく訂正、謝罪公告等を請求する訴訟を東京地方裁判所に提起されたと言う。以上のことは、『正論』（産経新聞社刊）の平成一五年七月号に弁護士の稲田明美氏が「〝百人斬り〟大虚報に頬かむりしてきた朝日・毎日の報道責任」という題名で詳細に述べておられる。両少尉及び御遺族様方の無念を晴らすだけでなく、我が国の名誉のためにも、この裁判に注目するとともに、できる限りの支援を行う必要があると考える。

四

以上、歴史教科書、それも今次の大戦に関してのみ述べて来たが、問題はそれだけではない。中・近世の日本史においても、例の階級史観に満たされているかもしれない。また、中・高校の公民科も気掛かりでならない。さらに、高校の家庭科や保健・体育の一部教科書には例のジェンダー・フリーの思想に起因する妊娠・育児の考え方が記述されていたり、小学校にあっても、一年生から男女同室に宿泊させている学校さえあると聞いている。また、国語教科書からは声を出して読みたくなるような教材や古典が少なくなっていることや、音楽教科書からは家族が一緒に歌うことのできる歌曲が少なくなっていること等が指摘されている。円周率を3として計算させることに象徴される教育内容の低下の問題は徐々に修正されつつあるようであるが、各学校で使用される教科書は、指導される教育内容に大きく関わるものとして極めて大切なものである。わたくしたちは子供や孫の使っている教科書を時には繙きながら、次期の教科書採択に向けて関心を高め、国民世論を喚起していくことが必要であると考えている。とりわけ先に述べた「近隣諸国条項」は何としても廃棄させなければならない。江湖の皆々様方のご支援・ご協力をお願いする次第である。

（平成一六年一月八日に記述しておいたものに同一七年六月二〇日に加筆増訂）

㈡　中学校教科書の採択時期に当たって

本年は中学校教科書が採択される年に当たる。特に歴史教科書、公民教科書、家庭科教科書に対して、世の注目が集まっている。わたくしたちは、次代を担う子供たちに対して親として自信と責任をもって読ませることのできる教科書が選択されるべく、教科書の展示場にも足を運び、各教育委員会によって適正な教科書が採択されるよう留意し続ける必要があると考える。

一

日本会議から出ている月刊誌『日本の息吹』七月号には、特に歴史教科書に関する問題が特集されているが、その中で「歴史教育の現場から」滋賀県私立近江高等学校教諭水谷真逸氏の「伝統を重んじる歴史教育を目指して」が報告されている。当校では数年前から「生徒に歴史を好きになるような工夫を盛り込むよう心掛け」、「教師間で歴史認識に対する自由な議論を何度も積み重ね、近江高校の笑いあり涙ありの為になる歴史の授業」を作り上げていった。教科書も「我が校の歴史教育の方針に最も適した教科書」として明成社の『最新日本史』が選ばれた。その結果、生徒が歴史の中に引き込まれていき、歴史に対する論理的な理解が深まったことはもちろんのこと、「歴史の好きな生徒は伝統を尊重」し、「教師と生徒の間にさまざまな伝統的習慣に従おうとする雰囲気が作られ、教師の話も落ち着いて聞くことができる」ようになった。そうして、生徒全員に「先人への感謝と日本人としての誇りが芽生え」て来た。水谷教諭はこのように言うのである。事実、このことは、論考の中に引用されている生徒たちの感想文からも明白に伺うことができる。

過日わたくしは「新しい歴史教科書をつくる会滋賀県支部」の藤村滋支部長から、同校の吉田武史教論が担当される生徒たちによる感想文をも頂いた。生徒たちは「歴史が面白くなった」、「日本がより好きになれた」と述べ、最近の中・韓両国による歴史認識の強要に対しても厳しい反論がなされている。その中で、「本当の歴史を教えない韓国政府も悪いけど、歴史問題をあやふやにしてしまった日本も悪いと思う」。何よりも「日本人として正しい日本の歴史を知っておくべき」であり、早く「自分の国を悪く言う人がいなくなってほしい」。そうして、相手国の間違った歴史認識に対しては、「〝本当はこうだ！〟と事実をはっきりと言う」ことが大切である。このような意見さえ出されている。歴史教育、歴史教科書の重要性を改めて教えられた思いである。一部政治家や経済人、評論家たち、マスコミにも、この高校生たちの意見を是非とも読んで頂きたく思うのである。

二

本月一三日及び一四日付『産経新聞』には、栃木県大田原教育委員会が、共産党系の団体等からの反発を承知の上で、新しい歴史教科書をつくる会のメンバーが執筆した扶桑社の中学校歴史・公民教科書の採択を正式に決定したことが伝えられている。そればかりか、私立中学校をも含め、全国各地の公立中学校にも、採択の動きがあるとのこと。わたくしは現行歴史教科書と比べ、今回のものは全社とも確かに自虐度は薄められているとはいえ、文部省学習指導要領に明示されている目標や内容に照らしてもまだまだ問題が多いことを知るとともに、三浦朱門編『全「歴史教科書」を徹底検証する』（小学館、平成一七年七月刊）によってこのことを共感の中で確認していただけに、当市の小沼隆教育長が「この教科書の採択で、自国の伝統、歴史を正しく学習して、日本の国に誇りと愛情を持った子供が育つと確信している。扶桑社の教科書をお読みになれば、決して騒がれているような偏向教科書ではないことが分かると思う」と述べておられることにいたく共鳴し、その勇断に対して深い敬意を表せずにはいられない。そうして、全国の市町村教育委員会教育長がこれだけの見識をもち、一部の反対分子からの妨害を恐れて事なかれ主義に陥り、末長く悪名を残すようなことのなきよう、あくまで毅然たる態度をもって市町村民から負託された責務を全うして頂くことを願うものである。

これに対して韓国では、予想通り我が国内の反対勢力と手を組んで、市民団体が中心となり、それに同調する学術団体までもが、扶桑社版教科書阻止集会を開いたり、友好都市に働きかけたりすることはもとより、意見広告を行うための募金活動まで行い、採択阻止に躍起になっているとのことである（平成一七年七月八日付『産経新聞』）。これとも関連するのか、三年前に県立中高一貫校に扶桑社版歴史教科書を採用した愛媛県では、県内の反対派は韓国の友好都市から運動団体を呼び込んで採択阻止を唱えているようである（同年七月一七日付『産経新聞』）。加戸守行知事や中村時広松山市長が「友好関係の政治利用だ」と批判されているのは、当然と言わなければならない。中・韓両国の歴史教科書における内容の捏造とともに、両国によるこの種の内政干渉に対しては、今後さらに拡がっていくと予想されるだけに、我が国としては常に毅然とした態度で処することが極めて肝要であると考える。

何しろわたくしの滋賀県でも、県議会及び大津市議会では滋賀県教科書改善連絡協議会が提出した請願「学習指導要領の目標に最もかなう中学校歴史・公民教科書の採択について」が賛成多数で採択されたが、しかし他方では、全教滋賀教職員組合は三八人の団体・個人が共同呼びかけ人となり、「子どもたちの現在と未来をまもるために、憲法と教育基本法の理念にもとづく教科書を公正に採択するようはたらきかけましょう」とする「教科書アピール」を発表している（同年六月五日付『しんぶん全教滋賀教組』）。そして、六月二二日には自由法曹団滋賀支部が扶桑社版の歴史と公民の教科書を採択しないように、県と大津市、草津市の各教育委員会へ要望書を提出し（同年六月二二日付『京都新聞』）、二九日には県公立高校教職員組合などが同趣旨を求めるアピールに賛同者三、〇四〇人を集め、県教委に申し入れた（同年七月九日付『朝日新聞』）。この他、草津・守山・湖南・甲賀・栗東六市の市民が六月一〇日夜、「『つくる会教科書』を中学生の手に渡したくない市民・保護者の会」を立ち上げ、毎週日曜日にはJR草津駅で署名を集め、七月一日には講演集会を開催し（同年六月一二日付『みんなの滋賀新聞』）、一一日には同教科書の不採択を草津市教委に申し出るとされている（同年七月九日付『朝日新聞』）。さらに大津市内に在住・在勤する市民や教職員らが「大津子どもと教科書ネット21」を結成し、「家永教科書裁判」支援会の精神を引き継いで一九九八年に結成された全国組織「子どもと教科書全国ネット21」の傘下に入り、扶桑社版の歴史教科書が「過去の侵略戦争を美化し、史実をゆがめている。アジア近隣諸国との関係にも問題」であるなどとして、同教科書を採択しないように求める要望を大津市教委に提出した（同年七月一七日付『みんなの滋賀新聞』)。先の全教の共同呼びかけ人をはじめこれらの代表者たちの氏名を見る限り、ほとんどが共産党支持者であるように思われる。その中には某氏が前大津市教育委員長の名義で共同呼びかけ人の一人となっているが、かつて教育の中立性を遵守すべき立場にあった人物がどうしたことかと考えさせずにはいられない。

三

彼らの批判は、扶桑社版の『歴史教科書』を実際に読み、「歴史的事象を多面的・多角的に考察し公正に判断」(『中学校学習指導要領』)したものなのだろうか。たとえ読んだとしても、その批判がいわゆるマルクス史観に基づく一面的な立場からであっては意義がない。

マルクス史観と言えば、かつてあのレーニンが「革命のためには祖国を呪詛する青年をつくれ。〝自分の祖国は恥ずかしい国だ、こんな国は革命しなきゃ駄目だ〟とする感情をもたせることが革命への道だ」と主張したことが思い出される。また、元共産党委員長志賀義雄氏も「武装闘争などをする必要はない。革命は教育でできる。共産党が教科書を書き日教組の教師が子供を教育すれば、三、四十年後には日本を指導する政治家はみんな共産党の考え方に近づいてくる」と言っていた。ちなみに憲法に関しても、九州大学名誉教授の向坂逸郎氏は「ソ連軍への防衛に向けられる現在の日米安保や自衛隊には反対である。しかしもし日本がいつの日にかマルクス主義国になれば、ソ連と同盟を結びアメリカに対抗するために、憲法を改正して強力な国軍を保有しなければならない」と言っていたし、石橋政嗣元社会党委員長も「日本社会党は長い間、非武装中立論を唱えてきたが、その秘めた思惑は、非武装であれば、ソ連や中国が攻めてきた時、日本を征服し易い。社会党はその侵略軍と呼応して、社会主義革命を起こすというのが本音である」と述べ、日教組にも檄を飛ばし、「社会主義を徹底させ、わが党の底辺を限り無く、広げてもらいたい」と訴えた。評論家の尾山太郎氏によると、「こういうことをやられてはかなわないから、自民党政府は、教育公務員に政治活動を禁ずる二法を成立させた。教科書検定にかかわる家永裁判も争点は、教育内容に国は口をはさむなということである」。しかも、「あげくに石橋政嗣委員長が打ち出した政策は、不戦のうちに〝うまく占領される〟というものである。これほど非武装中立論の思惑を露骨に語った政治家はいない」と、尾山氏は言っているのである（尾山太郎「教育委員会、校長の権限を強化せよ」『教育は何を目指すべきか』ＰＨＰ研究所、平成一三年）。

旧ソ連が解体し、ベルリンの壁が崩壊した今日にあっても、彼らはこのような妄言を信じているのだろうか。そして、祖国日本をいずこに導こうとしているのだろうか。

今こそ日本国民としてのごく当たり前の常識感覚を取り戻し、それに基づいて判断することが必要であると考える。とりわけ戦後六〇周年という記念すべき節目の年に当たり、国際的にも批判の多い東京裁判に基づく歴史観からは完全に脱却し、日本人としてのアイデンティティを確立して、国益に鑑みながら国際社会における我が国の真に在るべき姿を何としても求めて行かなければならない。このためにも、今選定中の中学校歴史教科書は、何としても『中学校学習指導要領』に明示された「社会・歴史的分野」の目標及び内容に最も適ったものが選定され、全中学生が「我が国の歴史に対する愛情を深め、国民としての自覚を育てる」ことを期すことが求められる。このことを全県民が自分自身の問題としてお考え頂くことを衷心よりお願い申し上げたい。

（平成一七年七月二一日記）

㈢ 中学校教科書の採択が終わって

今年が中学校教科書の採択の年であることを、去る七月二一日付の文章で指摘し、特にそこでの歴史教科書の問題について述べておいた。それを繰り返すいとまはないが、わたくしとしては特に戦後六〇周年という節目の年に当たり、戦後風靡した東京裁判史観とマルクス史観とが重なり合った自虐史観・反国史観から早く脱却して、文部科学省学習指導要領に求められている「我が国の歴史に対する愛情を深め、国民としての自覚を育てる」ことのできる教科書が採択されるべきことを強調したのである。

改定されたこの度の歴史教科書は、各社のものともに現行のものと比べると、自虐度・反国度はいくらか薄らいでいるとはいえ、まだまだ問題が多いことは、三浦朱門編著『全「歴史教科書」を徹底検証する』（小学館、平成一七年七月刊）や日本政策研究センター『まだまだおかしい新中学校教科書』（平成一七年刊）でも証明されている。それだけに、「新しい歴史教科書をつくる会」が編集した『新しい歴史教科書』（扶桑社発行）が高く評価されることになる。特に新版は他社と同じく、これまでのA5判からB5判に拡大されるとともに、図版等をはじめとして大改定が施されて、より教科書らしくなったと言うことができる。わたくしはその市販本と、幸いにも入手できた全国的に最大のシェアを誇る某社の教科書とを丹念に比較し、先の三浦朱門氏の書物における指摘に全く同感したことである。

それだけに左翼陣営からの抵抗活動が常識を超えたものとなり、在日大韓国民団及び在日朝鮮人総聯合会ばかりか、韓政府までもが意見広告のための募金を行うなどして、採択阻止に躍起となったようである（七月八日付『産経新聞』）。特に、松山市には友好都市・平澤市から市民訪問団一〇人が訪れて、松山市と市教委、愛媛県と県教委に扶桑社版教科書の不採択を求める要望書を渡そうとまでしたと言う。これは特定県議や県内政治活動家たちが訪韓して要請したことに基づいてなされたとのことであるが、知事や市長が「友好関係の政治利用だ」と批判したのは当然のことであろう（七月一七日付『産経新聞』）。

この種の「卑劣な中韓の妨害活動」がいかに多く激しいものであったかは、『諸君！』の本年一一月号で新しい歴史教科書をつくる会会長の八木秀次氏が「〝教科書採択戦争〟わが闘争記」で述べている。産経新聞ソウル支局長の黒田勝弘氏によると、「韓国の反日の背景にあるのは〝よくやった史観〟〝がんばった史観〟である、……つまり我々の祖先は〝よくやった〟〝よくがんばった〟〝偉かった〟ということを言うためにその舞台装置として日本統治時代を過度に苛酷なものに仕上げている」のだそうである（参照：日本政策研究センター『ここがおかしい中国・韓国歴史教科書』平成一七年刊。勝岡寛次『韓国・中国「歴史教科書」を徹底比較する』小学館文庫、平成一三年。勝岡寛次『韓国と歴史は共有できない』小学館文庫、平成一四年）。この「我々の祖先は偉かった」ということを主張するための舞台装置として反日が使われ（八木秀次「韓国の〝独立戦争〟って？」『正論』産経新聞社、平成一七年一一月号）、その趣旨に基づいて捏造された歴史が日本に強要されるのは、まさに内政干渉そのものと言うべきである。この国家主権の侵害に対しては、国として断固たる処置を講じるべきであろう。

扶桑社版歴史教科書の採択を強硬に拒む人たちは、それが「憲法と教育基本法の理念に反する教科書」、「歴史の事実を歪める教科書」、「戦争賛美の歴史教科書」等々であると批判している。しかし、彼らはその教科書を実際に読んで検討した結果から述べているのだろうか。わたくし自身がその市販本を書店で購入できたのは、八月初旬である。だから、一般の人もそれより早くは読めなかった筈である。まして韓国内で手にすることさえできなかったであろう。扶桑社版歴史教科書の採択に最後まで反対した東京都杉並区教育委員・安本ゆみ氏は、教育委員会の席上でも「扶桑社の教科書は戦争に向かう、そういうことが書かれている教科書だと思う」という、左翼団体のビラと同じ内容の驚くべき発言を行っていたが、その理由を聞かれて、「その発言は、記述の行間から私が感じたことを述べたものだ」としか答えなかったとのこと（藤岡信勝「杉並〝つくる会〟教科書採択が示した未来への可能性と困難」『正論』産経新聞社、平成一七年一〇月号）。採択に携わる教育委員にしても、この程度の理解なのである。新聞等における読者の投書等を読んでも、実際に読んでからの批判とは思われない。

その中で八月三一日の採択手続きの締切り日では、扶桑社版の歴史教科書は、東京都世田谷区の公立中学校をはじめとして、冊数にして全体で五千冊余り、シェア〇・四％台の採択率となり、前回（平成一三年）の五百二十一冊、シェア〇・〇三九％の約十倍となった（九月一日付『産経新聞』）。この他、来春開校する私立中学校で、あるいは副読本として採択を検討している私立中学校等もあると言われている。当初の目標には遠かったにしても、全国で七〇校の公立中学校と一〇の私立中学校で採択されたことは、次期に繋ぐことができると思い、この数年間、至らぬ身ながらもその運動にいくらか携わって来た者として感慨無量である。県民意識も、四年前に比べ、かなり変わってきたと言えよう。

二

滋賀県に設置された三校の県立中高一貫校の中、彦根市にある河瀬中学校で京滋で初めて扶桑社版の歴史教科書が採択された。県教育委員会では六人の委員が河瀬中学校の歴史教科書を東京書籍にするか扶桑社にするかで意見を述べ合い、結果は三対三で並行線のままであったが、最後に高橋啓子委員長が「学校の特色という観点で検討しては」と提案したことから流れが大きく傾き、扶桑社版の歴史教科書は、同校が「地域の文化を学習するローカルスタディに熱心で、国内の人たちの交流から世界に広がる学習を進めるなど校風に合っている」とされて、それに決定されたと言う。高橋委員長は後の記者会見で、「同社の教科書は教科書検定を受けており、誤った（歴史を記載している）教科書ではない。人物や文化遺産の掲載が豊富で、河瀬中の特色である地域学習に適していると思う。個人的には、河瀬中の特色をどう出せるかを考慮し、採択が望ましいと判断した」と述べ、斎藤俊教教育長もまた「中学生のときに日本の歴史をしっかりと学ぶことに意義がある」と語った。また、国松善次知事も同月六日の定例記者会見で、「歴史教科書については、かねてからさまざまな意見がある状況の中、教育委員会として慎重に検討し判断してくれたと思う。責任を持って対応してくれたことについて評価したい」とした上で、「特色ある学校づくりに生かされるよう期待している」と述べている（九月一日付『産経新聞』『京都新聞』）。関係者の良識と努力に対して敬意を表したい。

しかし、全教滋賀教職員組合と滋賀県公立高等学校教職員組合は、早速、「それは県教委による〝教科書の押しつけ〟」であり、「滋賀の教育に大きな汚点」を残すものであると抗議し、「直ちに採択を撤回せよ！」との要請を行っている。また、「歴史教科書採択撤回とやり直しを求める河瀬中学校、河瀬高校保護者の会」（本田恵子代表、三人）が三日、採択した県教委に対し、抗議と採択の撤回、やり直しを求める申入書を郵送したとのこと。それによると、「この教科書は日本の侵略戦争を正当化し、歴史的事実をゆがめている。偏向した内容で、子どもたちには不適当」としているとか。全くの公式論である。この中で仲居和平河瀬中学校長は「県教委の決定は尊重する。ＰＴＡから質問があれば、その都度対応していきたい」と語り、滋賀大学の卒業生である彼はわたくしの激励書簡に対しても返信を寄せ、「読み物としての面白さと日本人としての矜持を持たせる点では、これまでの教科書にはない〝異色〟さを持っていると考えております。これに決まった以上、この教科書が持っている良い面を生かして適正な歴史教育を進めていかねばと自戒しています。……今回の教科書採択問題があれほど大きいニュースとなったことには大きい戸惑いと驚きを禁じ得ませんが、逆に言えばそれだけ本校の教育に注目と期待が寄せられているものとプラスに考えて、これからの教育活動と生徒の育成にいっそう奮闘していきたいと念じております」という堅い決意を表明してくれた。

当校では一〇月一日に、来年度の入学を目指す児童や保護者を対象にした説明会が開かれた。その説明会には約四百人が参加したが、説明会の前には、扶桑社版の歴史教科書の使用に反対する市民グループのメンバーが、校門付近で同教科書を批判するビラを配布するなどしていたとのことである。しかし説明会では、中居校長は参加者に対して歴史教科書についても触れ、「文部科学省の検定を通過し、県、県教委の責任で採択された教科書。教科書以外にもいろいろな資料やデータを使い、責任を持って歴史教育に当たる」と語ったのであるが、それに対する質問は何らなく、説明会は約一時間半で平穏裡に終了したとのことである（一〇月二日付『京都新聞』滋賀版）。この県立河瀬中学校から日本教育の再生がなされていくことを念じ、県民挙げて支援し、全県的に広がっていくことを期待したい。

三

ところで残念なのが大津市である。目片信市長は八月二日の定例記者会見の席上で「新しい歴史教科書をつくる会」の教科書への考え方を聞かれ、「採択は市教委が決めることだが、郷土や国の歴史をきちっとした視点でとらまえており、個人的には評価している。選ばれてもおかしくない」と語った。このことが三日の各新聞で報道され、早速、市当局にファックスやメールによって賛否両論が寄せられ、月末までに約一千百通に達したとのことである。そしてその中の約七割（約七七〇通）が市長見解を支持するものであり、反対は僅か三割（約三三〇通）でしかなかったと言う。市長及び一般市民の良識を悦びたい。わたくしがその頃に訪問した県内の他市町でも、「さすがに大津市長だけのことはありますね」との声を多く耳にしたのである。

そして、八月二五日には臨時教育委員会が公開で開催され、およそ百五十人の傍聴者を前にして九教科一二種目の一六冊の教科書が採択された。しかし、歴史教科書に関しては市長も推薦し約七割の市民たちが支援した扶桑社版のものは不採択に終わったのである。新聞によると、大津市と志賀町の教育委員でつくる「第一地区教科用図書採択協議会」は今年五月から数回、検討してきたとのことである。しかし実際には、両市町の教職員で作る調査研究委員会が文部科学省検定で合格した教科書の特徴等を記した審議票をその地区協議会に提出し、協議会はそれに基づいて一二人のメンバーが各種目から検討して一冊ずつに絞り込み、それらが両教育委員会に推薦された。そしてこの臨時教育委員会では、委員長の「採択協議会より推薦のあった教科書を審議して頂きたい」という発言に続いて、事務局から各教科ごとにその推薦された教科書名が読み上げられ、それに対して委員から「異議なし」の発言がなされて、委員長が閉会を宣言して会議が終了したと言う（八月二六日付各新聞・滋賀版）。ここでは二票併記の場合には○・五票を与えると言うルールが取り決められていたとはいえ、結局は採択協議会によって一教科書への絞り込みがなされ、教育委員会としてはそれを認めるのに過ぎなかったと言わなければならない。

市教委は確か四年前の採択後に一社への絞り込みはしないと確約していた筈である。また、昨年一一月には県教科書改善連絡協議会（叡南覚範代表）が教委は調査委員会等の下部組織に候補教科書の絞り込みをさせないように求めた請願書を市議会に提出し、十二月議会で採択された。にもかかわらず、今回も教育委員会の前段である採択協議会ですでに各分野一社に絞り込まれていたのである。また、採択の最終責任は教育委員会にあるにもかかわらず、そこではいかなる教科書が採択されるべきかといったことについては、当臨時委員会では全く討議されていない。教育委員会としては、いかなる理由によって当該教科書が選定されたかについて明確にする義務と責任がある筈である。また、市長をはじめとする市民たちの要望にも耳を傾ける必要があるだろう。区立中二三校と区立濟美養護学校で使用される歴史教科書として扶桑社版を採択した東京都杉並区の教育委員会では、かなりの実質的な討議が行われている（藤岡信勝「杉並〝つくる会〟教科書採択が示した未来への可能性と困難」『正論』平成一七年一〇月号、産経新聞社）。また、当該教科書の採択が「奇手・詭弁」によって「二対三で惜敗」したとされる教育委員会でも、それなりの討議が行われているのである（藤岡信勝「奇手・詭弁も続々――扶桑社教科書採択を阻んだ壁」『正論』平成一七年一一月号、産経新聞社）。

さらに、「滋賀県第一地区教科用図書採択協議会」の委員構成にも問題がありはしないか。教育委員の中には三浦朱門編著の『全「歴史教科書」を徹底検証する』等をも熟読し、見識があり責任感の強い方もいるが、この委員構成では票決の際に採択協議会委員の一部が事務局側委員から影響を受ける恐れがないとは言い切れない。ともかくも今は、教委事務局幹部が、大津市の未来を担うべき中学生たちの教育について考えるよりは、むしろ反対派からの強い攻撃によって波風が立つことのないことだけを配慮した結果ではないものと信じるしかない。

おわりに

滋賀県では「教育を考える議員連盟」が全県的に組織されており、中でも大津市議会議員たちは特に「教科書問題を考える議員連盟」と称して度々研修会をも持ち研鑽されている。新しい歴史教科書をつくる会滋賀県支部の役員たちも、非常に真剣に取り組まれているこの議員たちとの意見交換をも時々行っている。各市・町でも様々な取り組みが行われたようであるが、残念ながら実を結ばなかった。特に大津市の議員連盟の対応が目覚ましかっただけに、不採択の理由や、望ましい採択の在り方等がこれから問われることとなろう。このような点をすべて総括して、次期に備えなければならないと考えている。以上述べたようなことが、他の地方教育委員会でも行われてはいないだろうか（参照：藤岡信勝『教科書採択の真相』ＰＨＰ新書、平成一七年）。ご参考になれば幸甚と存ずる次第である。

教育基本法第十条（教育行政）には、「教育は不当な支配に服することなく、国民全体に対し責任を負って行われるべきものである」と規定されている。左翼陣営はこの「不当な支配」ということを楯にとって、議会で教育のことが議されたり、首長が教育について発言することには反対することであろう。とは言いながらも、自分たちは政党名を隠して、いかにも市民団体であるかのように偽装して、先に述べたような反国運動を盛んに行っているのである。教育の中立性の名の下にそれを破っているのはどの勢力なのだろうか。戦後教育の混乱はここに大きな原因があることは否めない。教育が国及び各自治体の根幹に関わる事項であるとするならば、政治的・宗教的に真に中立的な教育が営まれるために議会でも大きく取り上げてほしい。

わたくしとしては、あの村山内閣当時に文部省と日教組との歴史的和解とやらがなされてから、特に教育行政がおかしくなってしまったように思われてならない。文科省が却って日教組に取り込まれてしまったのである。それに教科書問題に対しては、宮沢喜一官房長官による「近隣諸国条項」と河野洋平官房長官による「従軍慰安婦謝罪」が今なお根を曳いていると言えよう。捏造に対する調査もなしに謝罪して済ませようとした「事なかれ主義」が、やがては国を滅ぼすことを証したと言うべきであろう。地方教育委員会においても、教組との癒着が指摘されてからかなりの年月が経つ。「毒をもって毒を制する」という美名の下に、例えば教職員組合の役員を教委事務局に転入させた結果、二、三年後にはその毒に課全体が侵されてしまったことまであったことをも耳にしているのである（参照：拙著『戦後教育の反省とその再生』学事出版、平成一七年）。

また、地方教育行政が一般行政から孤立してしまい、一種の治外法権化してはいないかと言う批判も出されている（参照：前掲拙書）。国家行政と地方行政、一般行政と教育行政、その両者の関係、役割分担と協働について明確になされる必要があろう。教育活動に真剣に取り組みながらそのことで悩んでいる教職員も少なくないだけに、国及び教育の方向が誤ることのないように互いに留意し合い、国の基礎に培う教育を再生させるために、心有る方々のご支援を切望してやまない。つまりは「和して同ぜず」。これが日本古来の志だったのではなかったろうか。よろしくお願い申し上げたい。

（平成一七年九月二八日記、同年一〇月二日加筆）

八月六日に思う――心の中に平和の砦を

今日は原爆の日。それから六〇年。不思議に被爆から逃れることができたばかりか、いまなお元気で生かせて頂いている。まさに冥利に尽きると感謝するばかりある。

昨日の夕方七時半からのＮＨＫ番組を視てからというものは、まさに涙の連続であった。六日の平和記念式典には、毎年、自宅のテレビの前でいわば間接参加し、その後ピアノで「平和の歌」を弾いて犠牲者に対してわたくしなりの哀悼の誠を捧げることにしているが、今年は特に涙が溢れ出て、そのピアノもうまく弾けなかった。その後は、広島高等師範学校の同級生たちの原爆体験記を改めて読み返し、また、夜のテレビを視て、あの日のことを追憶しながら一日を過ごしたのである。

一

わたくしたち夫婦の原爆体験については、拙著『日本教育の危機とその克服』（東信堂、平成一三年）に付論として掲載している。当時、広島高等師範学校理科第一部の二年生であったわたくしは、その年の五月から広島市向洋にある東洋工業に学徒動員され勤務していた。生徒隊長を任じられていたわたくしは、ある用件で学生課の生徒主事（教官）と面談するために、六日の月曜日には帰学することにしていた。ところがその前夜に派遣団長の池田嘉平教授から、やがて全員が移動することになっていた横穴工場の視察を命じられ、急遽、数名の生徒隊役員と共に呉線列車で広駅に向かったのである。発車後十数分して急停車したので、窓外を眺めると、青空に「きのこ雲」が大きく浮かんでいた。何だろうかと案じながら広駅に着き、初めて広島市内が一発の爆弾で全滅したことを知ったのである。大急ぎで任務を終え帰途についたが、列車は海田市駅以西は不通とのこと。やむを得ず海田市駅から小走りして、向洋の工場に辿り着いた。海田市駅に停車していた列車の中に見た、また、走り続けてた道路上で会った多くの避難者たち。そうして、工場内の至る所に避難し狭しとばかりにひしめいておられた罹災者たち。その多くが怪我や火傷で呻吟されていた姿は、今なお脳裏に焼き付いている。また、八月になって入学を認められた新一年生たちは学寮から徒歩で東洋工業に来て、講堂で訓話を聞いていた。数日後には彼らもここへ学徒動員されることになっていたのである。彼らは会社の講堂にいたために生命は救われたものの、寮に置いていた荷物はすべて焼失したことになる。なお、被爆後、防衛のために市内に入った隊員の何人かが二次被害を受け、卒業後間もなく死去してもいる。

もし当日わたくしが予定通りに帰学していたとしたら、どうなっていたことであろうか。事実、その日に在校していた教職員や生徒の多くが幽冥境を異にした。面談することになっていた生徒主事も上から落下してきた梁が頭に当たり、「君が代」を歌いながら息を引き取られていた。帰学していたならば、時間的にもわたくしも死を共にしていたことは間違いない。これはまさにご神仏様の御加護としか言い様がない。感謝するばかりである。

ちなみに妻敏子は当時広島女学院専門学校（現広島女学院大学）の一年生であったが、八月に入ってようやく女学校の学徒動員先から入学でき、原爆投下の時間には女学院の講堂で朝礼の最中であった。半壊した講堂の天井の隅に空きがあることを知り、そこから屋根の上に這い登り、ちょうど二階の高さぐらいの所から地上に飛び降りた。そこに倒れていた友人を背中に負って牛田山の校舎に避難し、辛うじて被害を免れたと言う。なお、自宅も市内からいくらか離れていたので、家屋の倒壊や焼失から免れ、破損程度で済んでいた。しかし、親戚筋には犠牲になられた方も少なくないし、当時町内会長を務めていた義父は、被害者の救出や死体処理に尽力したためにか、二次災害に罹っていたことが、葬儀の際に火葬場の方から「原爆の被害を受けられた方は特に肝臓が焼き切れません。この方もそうですね」と言われて初めて分かったのである。

本土決戦を前にして最後の別れのために帰郷した日は、八月十五日。前日の深夜に夜行列車に乗り、立ちん坊で大津駅で下車し、徒歩で当時の江若鉄道浜大津駅に着いた時、駅員全員が起立してうなだれていた。それがラジオから流れる終戦の詔勅を拝聴していたことを知ったのは、帰宅してからである。「ただ今」とのわたくしの声に驚いて玄関に迎えにきてくれた家族の表情を、今も忘れることができない。すっかり諦めていたのである。数日後に比叡山に御礼参りをし、犠牲者に対して御冥福をお祈りするとともに、「戦に破れて山河あり」の思いの中で、至らぬ身ながらも祖国再建のために微力を捧げることをお誓いしたのが、戦後わたくしの研究と社会活動の原点になっていることには間違いがない。

二

ところで本日、あることで来宅した真宗僧侶から、「原爆が落とされなかったならば、戦死者はさらに増大したでしょうね」と言われ、わたくしは次のように答えたのである。

かつては当時のアメリカ大統領のトルーマンも、〝百万人のアメリカ兵の生命を救うために原爆を投下した〟と言っていましたね。しかし今は、〝トルーマンとバーンズ国務長官は都市に原爆を落とす実験を終えるまでは日本を降伏させなかった〟というのが常識になっているようです。このためポツダム宣言を日本が受入れないように入念な細工をほどこしたり、ソ連の対日参戦の日を聞き出すことに必死になっていたとのことです。何しろ〝一発必中で一都市全部を吹き飛ばすことのできる爆弾〟が宝の持ち腐れとなってしまいますし、それだけに原爆製造のために秘密のままに投じた巨額の資金が議会で承認されず支出できないようになることを恐れたためのようです。最近、ロバート・スティネットの『欺瞞の日～FDRと真珠湾の真実』(邦訳文芸春秋)とともに鳥居民氏の『原爆を投下するまで日本を降伏させるな』(草思社)が出て世間の注目を浴びつつあります。このことが日米戦争を勃発させた責任者もトルーマンであったということとともに、アメリカ本国で論じられているのは意義深いことですね。

この真宗僧侶はいわゆる平和主義者ではなく、極めて信頼できる方であるが、上述のことはご存じなかったようであった。わたくしは今となって、アメリカに戦争責任を悉く押し付けようとする者では決してない。ましてどこかの国のように、史実を歪曲してまで講和条約締結後に難題を持ちかけてくることは、国際法からしても絶対に許されない。しかし、事実は事実として明確にしておかなければならないと考えるのである。

何しろ今日の全国の中学校で最も多く使用されている『歴史教科書』には、「なぜ広島市が被爆都市となってしまったのか」ということが生徒の研究課題とされて、その原因は「戦前の広島市が軍都として発展してきたことにある」と断定され、「このような広島市の歩みは、日本の近代から現代への歩みと同じである」と結論付けられてさえいるのである。これはまさに「安らかに眠ってください。過ちはくり返しませんから」と刻まれた原爆慰霊碑の碑文と同じ趣旨である。そして、軍事施設ではなく大都市になされた無差別爆撃とともに国際的に問題とされる原爆を投下した米軍の責任は一切不問にされている。さすがにこのことは、来年度から使用されるこの歴史教科書からは削除された。しかし、改正された同教科書を見ても、他にも問題箇所がかなり残されていることは否定できない。

あの日から六〇年を経た今日、占領政策の「究極ノ目的」が「日本軍ガ再ビ米国ノ脅威トナリ又ハ平和及ビ安全ノ脅威トナラザルコトヲ確実ニスルコト」であったことから、戦前の日本が悉く悪であったかのようにした考えからは完全に脱却して、我が国古来の美風に立ち返り、国際社会の中で胸を張って自己の責務を果たし得る日本人となることが求められていると考えるのである。

わたくしの国際平和を求める気持ちは、原爆の惨状を少しでも見た者として、誰にも負けないと信じている。しかしそうだと言って、口先では「平和」を唱えながら自国を悪者にしているのでは、我が国に果たして真の平和がもたらされ得るであろうか。まして、一方の国の原爆所有を認めながらも他方の国のそれに対しては反対するような運動を許すことができるだろうか。これはまさに「落書きするな」と落書きする者であると言えよう。もとより一部政治家、外交官のように、外国からの強要に対して反省と謝罪、そして土下座外交を行うのでは、国土の安全及び国民の生命と財産が保障され得るとはとうてい考えられない。国際関係はそのような安易なものでは決してなかろう。家族の幸福と郷土及び祖国の発展を願うためには、それを念じながら国難に殉じられた方々に対しても思いを馳せ、我が国の歴史を当時の国際情勢との関わりのなかで多角的・全体的に把握し、公正な判断を下し、他国に対しても毅然とした態度で署していくことが必要であると考えている。このために、まずは日本古来の心を保持し、何よりも「和を以て貴し」を持しながらも、しかし「和して同ぜず」、つまり安易な妥協に流されることなく、毅然とした態度をもって自分の信ずる道を根気強く全うしていってほしいのである。

ユネスコ憲章には「戦争は人間の心の中から始まるものであるから、人間の心の中に平和の砦を築き上げなければならない」とある。わたくしは学生時代からこの「心の中に平和の砦を築き上げる」ことこそが肝要であると考え、この在り方について考え続けてきたと言ってよい。と同時に、昭和六二年の八月四、五日に日本の宗教界が教義の違いを超えて一つにまとまり、一丸となって中国、スリランカ、アメリカの仏教代表たちをはじめ、キリスト教、イスラム教、ユダヤ教、ヒンズー教、シーク教、儒教等、世界の宗教界代表を招いて開催された「比叡山宗教サミット」、特にそこでの「世界宗教者の祈り」に深い感動を覚え、この精神が全世界に広がっていくことを念じてやまない。

（平成一七年八月六日記）

終戦記念の日に——首相の靖国神社参拝を中心に

六〇年前の本日、八月一五日は、東洋工業に学徒動員されていたわたくしが、本土決戦を前に一週間の休暇を与えられ、家族との最後の別れを交わすために帰郷した日である。「ただ今」というわたくしの声に驚き玄関に飛び出してきた家族が、わたくしの特殊爆弾による被災が気掛かりで夜一睡もできなかっただけに、どのように迎えてくれたかは、すでに述べている(「わたくしの原爆前後」『日本教育の危機とその克服』東信堂、平成一三年)。ただ、奇跡的に被爆から逃れられたのはご神仏様の御加護のお蔭であると感謝しながらも、敗戦による挫折感から脱し自分自身を取り戻すまでには、かなりの月日を必要としたことだけは、言っておきたい。

それにしても、今年は終戦六〇周年という節目の年、人間ならば「還暦」である。我が国がこの六〇年間、焦土の中から雄々しく立ち上がり、一度も他国と干戈《かんか》を交えることなく、世界の経済大国として成長したことは、高く評価することができるが、しかしあまりにも経済優先であり過ぎ、精神的復興が十分でなかったことは否めないであろう。

とりわけ、今なお東京裁判による呪縛から覚めやらず、祖国の歴史を貶めている連中が多いのはどうしてなのか。何かそれが平和主義であり、進歩的であるとさえ考えられているようでもある。大東亜戦争を美化する心算は毛頭ないが、そうだと言って我が国がすべて悪であったと言うことはあり得ないだろう。戦争は相手なしには行われ得ない。当時の国際状況の中での我が国の動向について全体的・総合的に把握し、史実に即し公正に判断することが必要である。ここで大東亜戦争とは何であったかについて論ずるいとまはないが、還暦年を迎えた今日にこそ、国民全体が先入観に囚われず、原点に立ち返って祖先たちが営々と築き上げてきた我が国の歴史を捉えていこうではないか。同時に、家族の幸せと郷里及び祖国の永遠を念じながら尊い生命を捧げて下さった方々に対して衷心より哀悼の誠を捧げ、この方々の尊い犠牲のお蔭で今日があることに感謝しようではないか。

一

そういえば本日、靖国神社には全国から二〇万五千人もの参拝者があり、「英霊に追悼と感謝を捧げる国民の集い」も開催されている。わたくしも何とかしてそれに参加したかったが、お盆の中日であり祖先の霊を弔わなければならない。健康上の懸念もある。やむなく断念し、涼風が立ち始めた頃に参拝することとし、本日は靖国神社で入手した『英霊の言之葉』（全八冊）を読み返しながら、慰霊と感謝の一日を過ごすことにしたい。

それにしても、首相の靖国神社への参拝に対する中・韓両国からの抵抗が今なお執拗に続けられている。殉国者の慰霊を行い顕彰することは、いずれの国にあっても当然果たすべき責務であろう。にもかかわらず、我が国では両国からのこの内政干渉に対して同調する向きが、いわゆる進歩的陣営からだけでなく、保守政党の政治家や経済人にさえも少なくない。一部からは、神道としてはなされ得ないA級戦犯の分祀や無宗教の「国立追悼施設」建立の必要さえ唱えられている。A級戦犯問題については、すでに昭和三六年八月三日の第一六回特別国会で「旧敵国の軍事裁判によって有罪と判決された人々を日本国内では罪人とは見做さない」という画期的な判断基準が示された法改正が、与野党挙げての全員一致で可決されている筈である。ちなみにこの問題に精力的に取り組まれたのが、本県選出の堤ツルヨ代議士であった。また、特別な追悼施設を建立するのは我が国古来の「祖霊信仰」「みたま信仰」からも逸脱するばかりか、まして祖国が永遠に引き継がれ発展し続けていくことを念じ、「靖国で会おうよ」とか「靖国神社でお待ちしています」などと言い交しながら永久の旅立ちされた方々の御霊に対する冒涜であると言わなければならない。

板垣正氏の『靖国公式参拝の総括』（展転社、平成一二年）によると、昭和二六年九月、サンフランシスコにおいて平和条約の調印を終えた吉田茂首相は、翌一〇月に靖国神社に参拝した。これは昭和二〇年一〇月二三日に時の幣原首相が参拝して以来、首相が公の資格で参拝したのは六年ぶりであった。なおこの日には、各閣僚、衆参両院議長も正式参拝を行った。その後、昭和五〇年まで、春秋例大祭を中心に歴代首相の靖国神社参拝は、ほぼ定着して行われた。その経緯についてここで述べるいとまはないが、ただ昭和五〇年八月十五日、つまり終戦三〇周年記念の日に、現職首相として初めて靖国神社を参拝した三木首相が自分の参拝は「私的参拝」であると発言したことから、俄然、憲法論議を招くに至ったこと、他方、昭和五四年四月例祭には、時の総理大臣大平正芳氏は敬虔なクリスチャンでありながら「〃A級戦犯〃及び大東亜戦争に対する審判は歴史が下すに任せる。人がどう見ようと私は私の気持ちで参拝に行く」という名答弁を残して例祭に参列したが、これに対しては、中・韓両国からは何の苦情も来なかったことだけは挙げておく必要があろう。

ともあれ昭和二七年四月の日本主権回復以来、首相の靖国神社への公式参拝は特に日本遺族会の悲願であった。自由民主党は昭和四四年から四九年にかけて「靖国神社国家護持」をめざす靖国神社法案を党議決定し国会成立を期して推進に努めたが、社共の反対によって審議もされず廃案を重ねた。昭和五九年八月二日には「英霊にこたえる議員連盟」が中心となって「靖国神社公式参拝に関する要望書」を衆参国会議員三八七名の署名を添えて官房長官に手交した。同一三日には、日本遺族会青壮年部によって、全国四七都道府県の遺児代表一三二人が靖国神社境内の能楽堂において五〇時間に及ぶ断食祈祷が行われた。遺児たちは、靖国神社の公式参拝が憲法上疑義があるとする政府見解に耐えられなかったのである。ちなみにこの時の責任者である青壮年部長は国松善次氏、つまり現滋賀県知事であるが、この断食をやり抜いた国松部長の決意は、今なお高く評価されているとか。

二

昭和五七年一一月、第一次中曽根康弘内閣が成立した。そうして、五八年一月二四日の初の施政方針演説で首相は「戦後政治の総決算」を提唱し、戦後体制の根本的な見直しを強調した。そして、同年四月二一日の靖国神社春季例大祭に就任後初めて参拝した。なお二二日には、「みんなで靖国神社に参拝する国会議員の会」の百五十名が、また大祭中には竹下蔵相、山本自治相ら閣僚一〇名、徳永参議院議長等も参拝している。ところが、参拝後に記者団の質問に対して中曽根首相が「内閣総理大臣たる中曽根康弘が靖国神社の英霊に感謝の参拝をした」と答えたことから、野党から追及を受ける結果となり、五九年七月には「閣僚の靖国神社参拝問題に関する懇話会」が設置された。この政府「靖国懇」は検討の結果、六〇年八月に公式参拝を是認とする報告書を提出したが、これを受けた法制局は閣僚の公式参拝に際しては宗教色一切を排除するという見解を出したのである。これによって、昭和六〇年八月一五日には中曽根首相の公式参拝が、参道の両側にぎっしり埋めつくされた遺族や戦友会の人々による大きな拍手と歓声の中で行われたものの、その修祓、祝詞、玉串奉奠なしで一拝とする参拝形式は、神社と英霊に対して著しく礼を失するものとなった。しかも首相のこの公式参拝が、野党や朝日新聞はもとよりその年を「世界反ファシズム戦争勝利四〇周年」としていた中国政府からの激しい反撃を浴びるとともに、中曽根首相はその言い分を受入れ、「A級戦犯合祀」を理由に公式参拝をこの一回限りで取りやめたのである。これが「風見鶏」と呼ばれていた中曽根首相の本領だったのだろうか。

中曽根元首相がこのことについて反省することは全くないばかりか、自分が公式参拝を断念したのは、胡耀邦総書記の進退に影響を及ぼすのを避けるためであったと巧みにその理由付けを行い、今なおA級戦犯を靖国神社から分祀することを強調し続けている。そうして小泉現首相に対しても、「やめる方が勇気を要するが、勇気のあることをするのが政治家だ」と述べて、靖国神社参拝の中止を求めたという。公式参拝を一回限りで取りやめた自分こそは「勇気ある政治家」だったと言いたいのだろうか。

問題は中曽根元首相だけではない。当時の後藤田官房長官もである。氏は我が国が受け入れたのは、東京裁判における判決の結果であったにもかかわらず、まるで東京裁判そのものを受け入れたかのような、これまでの政府見解と全く異なる答弁を行い続けたのである。これが「旧敵国の軍事裁判によって有罪と判決された人々を日本国内では罪人とは見做さない」という国会での議決を踏みにじったばかりか、中・韓両国からA級戦犯を再び持ち出させる結果に陥った。板垣正氏の『靖国公式参拝の総括』に挙げられている後藤田氏の国会答弁は、まるで中国政府の言い分を代弁したものと言わざるを得ない。そして新聞報道によると、この後藤田氏も今なおA級戦犯の分祀を唱えていると言う。

しかも中曽根元首相は、当時の藤尾正行文部大臣が『文芸春秋』昭和六一年一〇月号誌上で「『放言大臣』大いに吠える」と題して、「いま韓国に対する侵略だと盛んに言われておる日韓の合邦にも、少なくともそれだけの歴史的背景があったわけでしょう。日韓の合邦というのは、当時の日本を代表していた伊藤博文と、韓国を代表していた高宗との談判、合意といったものに基づいて行われている。形式的にも事実の上でも、両国の合意の上に成立しているわけです。……韓国側にもやはりいくらかの責任なり、考えるべき点はあると思うんです」と述べたことに対して、韓国側から抗議が出ると、早速その年の九月に藤尾文相を罷免している。これ以後、普通の日本人ならば当然とする発言によって、何人もの大臣が罷免されたことであろうか。国民の歴史認識を邪道に導いたとも言える。

つまり、昭和六二年一一月に発足した竹下内閣下での奥野誠亮国土庁長官である。国土庁長官は内政の目玉とされた土地対策担当であったが、靖国神社に参拝したのは公人としてか私人としてかの問いに対して、奥野長官は「公私について考えたことはない。なぜ公私問題が起こったのか。それは占領政策の神道指令による。戦後四三年、占領軍の亡霊に振り回されるのはやめるべきだ」として、占領政策の意図や神道の本質について持論を展開し、さらに靖国神社公式参拝に反対している中国の問題に触れ、「中国はいろいろと誤解しているが、共産主義国家だから宗教への理解が少ない。鄧小平氏の発言に国民みんなが振り回されているのは情けないことだ。中国の悪口をいうつもりはないが、中国とは国柄が違う」と日本側の対中国姿勢を批判し、歴史認識についても「日本だけが侵略国家とされているが、白色人種がアジアを植民地にしていた。だれが侵略国家か。白色人種だ。日本は開国したら軍事力強化の立場に追い込まれた。日本人の性根を失ってはならない」と日頃の信念を披瀝した（板垣書、二五六頁）。早速、マスコミはこの発言を問題化し、中・韓両国も大きな反発を示した。四月二五日に開かれた衆議院土地問題等特別委員会でもこの奥野長官の発言が取り上げられたのであるが、そこでの奥野長官の答弁は流石と言う他ない。この奥野長官の主張に対しては閣僚を含め、自民党内にも支持し同調する向きも根強くあったにもかかわらず、長官は一三日の夕方、混乱の責任をとって辞任させられたのである。

次に、羽田内閣時の平成六年五月には、永野茂門法相が「南京事件はでっち上げだと思う」と述べ、野党の批判の中でその発言を撤回したにもかかわらず、中・韓両国が反発を強めたために辞任に追い込められた。さらに村山内閣時代には、「侵略戦争をしようと思って戦ったのではない」とした桜井新環境庁長官（六年八月）及び「植民地時代に日本は韓国に良いこともした」とした江藤隆美総務長官（七年一一月）の二人が、その発言のために辞任させられたし、島村宣伸文相の「侵略戦争かどうかは考え方の問題。侵略のやり合いが戦争だ」とする発言をも撤回させられている（七年八月）。これらはまさに主権国家としての在り方に関わる大問題であると言わなければならない。このように、自分の発言に基づいて閣僚を辞任させられた大臣は他にも少なくないのである（参照：尾山太郎『なぜ中韓になめられるのか』扶桑社、平成一七年）。

今日、一部政治家や経済人等が中・韓両国からの抵抗に対して反省と謝罪を行い土下座して対処することによって、日本は靖国神社やA級戦犯、歴史認識等をカードにして強要しさえすれば、何事でも言うことを聞く国だと両国に思わせてはいないだろうか。これが以上のように中曽根首相から始まったとしたら、日本政策研究センターの伊藤哲夫所長が「中曽根元総理への諫言　大勲位を返上しなさい」（『諸君！』文芸春秋、本年九月号）と、また、政治評論家の尾山太郎氏が「靖国問題の元凶は中曽根大勲位だ」（『Will』ワックス・マガジンズ、平成一七年九月号）と主張されるのも当然であり、わたくしも全く同感である。そうして「政治家は歴史の法廷の被告である」とは、中曽根元首相の言葉であるだけに（『読売新聞』平成一七年八月九日付）、元総理が自分自身に下されるべき判決をどのように考えられるのかを是非とも知りたいものである。

三

わたくしはこの問題を、単に中曽根元首相と後藤田元官房長官を批判するためにだけ言っているのではない。小泉現総理の言行、特に本日の首相談話について苦情を申し上げたいが、何しろ選挙前であるので遠慮しておこう。ともかく人間はだれしもその時々に何ごとをも調子よく運んでいきたい。しかしそれが単に人気取りであったり、波風を立たせないことだけを求めた事なかれ主義に陥ることになり易い。そうして、後々にまで問題を持ち越させるばかりか抜き差しできない結果をさえもたらすこととなる。わたくしとしては、そうあってほしくない。当初には反対されても、後で評価されるべく努力してほしい。最近、政治家や官僚、そして経済人の代表たちには、この精神が失われてはいないだろうか。

数日前に『大東亜戦争の真実―東條英機宣誓供述書』（WAC・平成一七年八月九日刊）を入手することができた。これは東條元首相が昭和一五年七月に第二次近衛内閣の陸相として入閣してから昭和一九年七月に内閣総辞職するまでの四年間の「日本の政治の推移と戦争の動向について、日本国を代表する責任者である東條英機が、東京裁判の証言台に立つにあたり、腹蔵なく語ったもの」（渡部昇一）であり、占領下ではGHQから発禁文書とされた供述書である。元首相の孫である東條由布子女史が昭和二三年に洋洋社から出版された『東條英機宣誓供述書』を古書店で見つけ出し、それを底本として編集し改題された。「私は最後までこの戦争は自衛戦であり、現時承認せられたる国際法には違反せぬ戦争なりと主張します。敗戦の責任については当時の総理大臣たりし私の責任であります」とし「天皇に責任なし」と最後まで堂々と訴え続けた東條元首相の供述からは、とかく誤解されがちであった東條元首相に対する認識を改めさせられ、日本人としての「誇り」と「勇気」を蘇えさせられる中で、大東亜戦争が何であったかが改めて教えられる。マッカーサー元帥が米国上院で査問された際に行った同趣旨の答弁も思い出される。

なお、昨日、明星大学戦後教育史研究センターの勝岡寛次氏から刊行されたばかりの著書『抹殺された大東亜戦争――米軍占領下の検閲が歪めたもの』（明成社、平成一七年）が贈られてきた。勝岡氏は「日本の教育改革」有識者懇談会（略称「民間教育臨調」）の運営委員でもあり、わたくしもこの面で大変お世話になっているが、氏のご尊父（すでに御他界）は広島高師での後輩であり奇しきご縁を感じている。

氏は『韓国・中国「歴史教科書」を徹底批判する――歪曲された対日関係史』(小学館文庫、平成一二年)や『韓国と歴史は共有できない――日韓歴史共同研究のまぼろし』(小学館文庫、平成一四年)、『教科書から見た日露戦争――これでいいのか、日本の教科書』(展転社、平成一六年)(監修)等の名著によって、新進気鋭の研究者として期待されているが、この度、雑誌『祖国と青年』に四年にわたり連載された論考に手を加えて一書にまとめられた。小堀桂一郎氏の「推薦の辞」によってこの書の意義を理解して頂こう。

本来我々が戦前、戦後を通じて一貫して保持してゐるべきであつたこの固有の立場からの歴史への視角を、われわれは占領軍の検閲といふ情報統制によつて完全に抑壓され〈忘れさせられ〉てしまつたのである、今は文献書誌の上では殆ど埋没してゐて話題にも上がらない多くの言論人が、當時として健気に闘ひながらも空しく挫折して行つた痕跡も勝岡氏は多く発掘し紹介してくれてゐる。それも亦十分に感動的である。

終戦六〇周年に当たり、戦中・戦後の記録が数多く発表されているが、先の供述書ともに勝岡氏によるこの書を読まずして大東亜戦争の本義と我が国の立場を論ずることはできないと言うべきであろう。広く読まれることを願っている。

(平成一七年八月一五日記)

永住外国人の地方参政権問題
――第四四回衆議院選挙を終わって――

一

昨日行われた衆議院選挙で自民党が圧倒的な勝利を収めたことを、先ずは慶びたい。選挙前には週刊誌等によって自民党の敗北が予想されていたし、それだけに万一民主党が政権を獲得することがあるとしたら、その対中外交、教育改革、人権擁護法、夫婦別姓、ジェンダーフリー政策等に見られる左翼的体質を少なからず憂慮していただけに、ほっとした思いである。

とはいいながらも、今回の衆議院解散と選挙に対する首相のいわゆる「劇場型」政治には、わたくしの性分として賛成し得るものとは決して言い難い。たとえ小泉総理が郵政民営化をすべての改革の突破口であると考えているとしても、これからの国の在り方が明示されていないために、改革の全体像が不明であるし、その郵政民営化にしても、選挙中にも首相の口からは「郵便局にあれだけの公務員は必要なのか。その仕事は公務員でないとできないのか。民でできることは民に任せよう」と言った程度の理由しか国民に説明されなかったように思われる。例の抵抗勢力と呼ばれた議員たちの中にも、郵政民営化には必ずしも反対ではなかったとしても、その改革の中身に満足がいかず、反対に回った方もあったように思われる。事実、郵政法案採択の際に反対票を投じたために、未知なる地に落下傘降下した刺客によって落選に追い込まれた方の中には、明確な国家観をもち堅い志に生きる方も少なくなく、残念でならない。

自民党が圧倒的な勝利を獲得したとしても、首相はそれに奢ることなく、却って謙虚に自己を見つめ、理念不明の改革、改革のための改革に陥らないように、さらに研鑽を積まれ、国の将来を広い視野から把握して真に国民を幸せにし得る改革を具体的に講じられたいものである。

その際、特に願いたいのは、我が国の国家理念についての明確化である。国土と国民の生命及び財産を守るのは国家でしかない。したがって、国家の理念が明確化され、国際社会の中での我が国の在り方がその国益と共に確立されることが何よりも求められるのである。これなしには政府も国民からはもとより、全世界から信頼され得ないであろう。このためには、我が国の祖先たちによって営々と築き挙げられてきた悠久の歴史と伝統が尊重され、そこに培われてきた独自な国民性が生かされなければならない。これによってこそ、日本人としての自覚と誇り、責任が喚起され、国際社会の中でも信頼される活動がなされていくのである。

ところが、首相が去る八月一五日の「全国戦没者追悼式」で行った談話は、かつての村山富市首相談話の趣旨を引き継ぐもの以外の何ものでもない。この村山首相による「反省と謝罪」がどれだけ世界から失笑をかい、国際的に信頼を失ったかは、作家の神坂次郎氏の著書に詳しい（『特攻隊員の声が聞こえる——戦争、人生、そしてわが祖国』ＰＨＰ文庫、平成十三年）。首相は去る四月二二日にジャカルタで開催された「アジア・アフリカ会議」（バンドン会議）の席上でも同趣旨のことを語り謝罪をしている。これがもし「政府の歴史的見解」であるとしたならば、問題は大きい。多面的・多角的な考察と公正な判断が求められるのである。国造りに勤《いそ》しんできた祖先の声、国難に殉じられた戦没者の声、そうして植民地から解放された「アジアの声」に、もっと耳を傾けてほしい。そうしたならば、祖国のために誇りをもって生命を捧げた英霊の前で「心ならずも命を落とされた」といった失礼な言辞を口にすることもなくなるであろう。

戦後六〇周年の節目の年である今年の終戦記念日には、靖国神社は二〇万五千人もの参拝者で溢れていたとのこと。しかし、首相は参拝されていない。もし首相が最初から公約通りに敢然と八月一五日の参拝を厳守されていたならば、中・韓国から靖国問題をカードにされることもなかったのではなかろうか。毅然とした態度が望まれるのである。

二

数日前に『毎日新聞』の記者から電話が架かってきた。「永住外国人への参政権付与をどう思われますか。できれば反対のご意見をお聞きしたいのですが」ということで、記者が奥比叡麓の僻村にまで訪ねてきた。二時間ばかり話し合ったことがまとめられ、去る九月九日の夕刊に賛成者である龍谷大学教授の田中宏氏の見解と並んで掲載された。題名は「争点に一言▼▼外国人の参政権」で、その付与は田中氏の方には「共存のシステムへの突破口」、わたくしの方には「国家主権の危機を増幅する」と付されている。私見については、その原稿が珍しくファックスで送付され、校閲を求められたのであるが、字数の関係からほとんどそのまま認めざるを得なかった。ただ、始めの方に「日本の植民地支配によって日本国籍となり」とあったのを、日本は朝鮮を植民地としたことはないと主張して、「日韓併合」と訂正した。わたくしの見解のみを挙げておこう。

外国人に参政権を付与すれば、国家主権の侵害につながる。憲法でも選挙権は国民の権利として保障されており、外国人に与えられることは明らかな憲法違反だ。韓国・朝鮮人が大半を占める特別永住者は、日韓併合によって日本国籍となり、一九五二年のサンフランシスコ平和条約で日本国籍を失いながら日本に在住する外国人とその子孫。政治に参加するなら、日本国籍を取得すべきだ。国家主権は現在も危機にさらされている。靖国神社や歴史教科書の問題などは本来、国内の問題だ。もし、永住外国人に参政権を与えたら、内政干渉につながり、日本の政治をひっくり返す恐れがある。地方と国は密接に関係しており、地方参政権を認めると、やがて国政にも波及する。

日韓併合以来、朝鮮半島から日本内地に出稼ぎに来て移住する朝鮮人は急増し続け、当初の明治四四年末には約二千五百人余りであったのが、大正一〇年末には約三万八千人に増加し、昭和一三年末には七九万九千人に達し、その昭和一三年に成立した国民総動員法による「自由募集」「斡旋」「徴用」で内地に渡航した約五二万以外に、終戦時に内地に在住していた朝鮮人は約二百万人であったと言われている。もちろん、一部で言われているような「強制連行」は決して行われていない。「強制連行」と言う言葉も総連傘下の朝鮮大学校歴史地理学部の教員であった朴慶植の著作『朝鮮人強制連行の記録』（未来社、昭和四〇年）で初めて使用されたものであり、この書は「戦時動員の実態や当時の労務事情の常識からして、あまりにも信憑性に欠けると言わざるを得ない」（岡田邦宏『朝鮮強制連行はあったのか』日本政策研究センター、平成一五年）とされている。終戦により、彼らは博多、下関に殺到し、朝鮮への帰国を求め、四六年三月までに百三十万人が帰国した。しかし、四六年になると帰国希望者は急減するとともに、一旦帰国した朝鮮人が再入国を目指すようになる。これは朝鮮国内の経済の混乱、社会の不安定、更に引き揚げ者自身の朝鮮における生活基盤の喪失によるものであろう。しかし、残留朝鮮人の不法行為に悩む日本当局は、彼らの再入国を認めず、逮捕し、強制送還した。四六年密入国で検挙された人は一万九千人、強制送還された人は一万六千人に及び、五三年に至っても検挙者は二千二百人、強制送還された者は二千七百人であったとか（杉本幹夫『「植民地朝鮮」の研究』展転社、平成一四年）。そして、サンフランシスコ平和条約発効で日本国籍を失いながら日本に永住している外国人とその子孫が「特別永住者」

と呼ばれ、その大半は韓国・朝鮮人が占めている。これは日本国内に永住することを希望し、法相から認可された一般永住者とは異なる者である。

この「永住外国人への地方選挙権付与」とは、「法務大臣がそれを許可した外国人（一般永住者）と、戦時中に強制連行（？…筆者）された韓国・北朝鮮・中国の人々（特別永住者）――三ヵ月以上同じ市町村に住んでいることが条件――に地方自治体の首長と議員の選挙権を与えることを柱とした法案」のことであり、これは平成一一年一〇月の自民・自由・公明連立政権発足の際、公明党の要請により、三党で提案し成立させることで合意した。しかし異論が噴出し、今なお継続審議となっている（産経新聞論説委員室『社説の研究――新聞はこんなに違う！』産経新聞社、平成一四年）。韓国では今年の六月に法律が制定されて、永住外国人への地方自治体での投票権が認められたが、その該当者である韓国永住の日本人は三百人程度に過ぎず、それに対して日本永住の韓国人は五〇万を超すと言われている。

わたくしとしては、選挙権の付与を望むのであるならば、先ずは日本国籍を取得するとともに、地域の人々と共に地域活動にも携わることが大切であると考える。それなしに参政権が付与されるとしたら、それは単に権利要求に留まるであろう。もちろん、公明党がそれを要請するのは永住外国人や韓国国民を創価学会に入信させたいからであろうし、革新的政党もそれを自党の勢力拡大に利用したいのであろう。事実、この度の中学校歴史教科書の採択に当たっては、滋賀県及び大津市でさえも、在日本大韓民国滋賀県地方本部長と在日本朝鮮人総聯合本部長が共産党傘下にある関係団体の長と共に「教科書アピール共同呼びかけ人」となり、扶桑社版の『新しい歴史教科書』を子どもたちに使わせないための運動を行った。そればかりでなく、韓国内では市民団体や学術機関とやらに呼びかけて、日本の新聞に意見広告を掲載するための募金を行ったとか（『産経新聞』平成一七年七月八日付）。しかも、愛媛県では韓国の友好都市の平澤市から市民訪問団一〇人が松山市を訪れ、扶桑社版教科書の不採択を求める要請書を手交したのである。市長はこれに対して、「政治活動の中での訪問」と表現し、「友好関係の政治利用だ」と批判している（『産経新聞』平成一七年七月一七日付）。当然であろう。同様なことが、靖国神社や国立追悼施設等の問題に対してもなされてはいないだろうか。このように、永住外国人が本国と連絡を取り合いながら、内政干渉を行うことは十分にあり得る訳であり、これは国家の主権侵害以外の何ものでもない。たとえば島根県で永住外国人に選挙権がもし付与されていたならば、あの「竹島の日」はどうなっていたことであろうか。これだけを見ても、たとえ地方選挙権にせよ、これを簡単に付与するならば、彼らが本国と連絡し合い、また、利権を同じくする政党の議員とも提携してどのようなことがなされ得るかが推測される。わたくしたちは人権擁護法案とともに、鋭い監視の眼を光らし続けなければならないと考えるのである。

（平成一七年九月一二日記）

児童人権条例について

去る一一月三日の新聞には、自民党の野中広務元幹事長らの主導で平成一四年に国会に提出された「人権擁護法案」が、白紙に戻されて検討されるに至ったことが報道されている。前国会では自民党内の「真の人権擁護を考える懇談会」から厳しい反対を受ける中で、与党人権問題懇話会の古賀誠座長によって強引に採決に持ち込もうとされながらも、衆議院解散となって凍結されていたものである。その法案では、①人権侵害の定義が曖昧である、②人権委員会の権限が強すぎる、③国籍条項が入ってないなど、全体に対して多くの問題点が指摘されていたし（参照：『産経新聞』三月十日付）、報道関係からも「メディア規制条項」に対する批判がなされていた。人権擁護の名の下に却って人権蹂躙を生み出すことが危惧されていたと言うことができる。

わたくしも大学を停年退官する前の数年は、文部省の協力者会議委員や滋賀県・大津市の各種行政委員に就任していたことからか、学内で革新系教官側から「村田は文部省や県・市等体制側の犬だ」とされ、定規を使って書かれた投書を何回受けたことだろうか。それらの投書には、わたくしが差別発言をしたことを指摘しながらも、その差別発言が何時、どこでなされ、どの点が問題だったのかについては全く示されず、最後に「いずれ当局から厳しい処分が下されるから覚悟しておけ」と書かれていた。その差別発言が事実であるならば、その場で直ちに糾弾される筈であるのに、投書を受けた日に所用のために当該団体の事務局等に立ち寄っても何ら問題にされず、「よく来て下さった」と却って歓迎されたのである。しかし、自分では身に覚えのないことであっても、神ならぬ身、知らず識らずの間につい失言していたかもしれないと思うと、家人にも告げず、ただただ朝夕にお仏壇に詣で、自戒するしかなかった。それらの投書は大学・県・市当局にも送られており、それを受けた市の某部長は「これは村田落としのための大学内部者の仕業ですね」と判断してくれた。事実、退官の送別会の席上で某教官が酒の勢いで「村田落としの中心は俺だったのだ。××等からの強い指示もあってね」と告白しに来たのである。結局のところ、それらの投書はわたくしを大学の要職に就かせず、できれば失脚させるための手段だったのである。自分のことを語り過ぎたかもしれないが、人権に名を借りるのが、もっともやり易くて、本人に致命傷を与えることができるという一例として、あえて述べさせて頂いた。

先の国会で万一「人権擁護法」が原案通りに承認されていたとしたら、今頃はすでに北朝鮮による拉致被害者家族が被害を被っておられたかもしれない。ともかく「白紙」に返されたことは喜ばしい。とはいえ、地方議会では、男女共同参画条例や児童人権条例の制定が再燃されていると言う。鳥取県ではすでに一〇月一二日の県議会本会議で「人権救済条例」が議決された。しかし、ここでも人権侵害の定義が曖昧で、表現の自由などを侵す恐れがある等と指摘されており、県弁護士会は「憲法違反の疑いもある」と批判している（『読売新聞』十月一三日付。参照：桜井よしこ・伊藤哲夫・山田直樹「鳥取発〝人権条例〟のココが危ない」『諸君！』文芸春秋社、平成一八年二月号。櫻井よしこ「世界に恥ずべき人権擁護法案」日本会議『日本の息吹』平成一八年一月号）。

滋賀県でも立命館大学教授の野田正人氏が座長を務めている県の某審議会で、児童人権条例を県議会に上程させることに異常に真剣であることを、その審議会の某委員から耳にし、彼と会った時に、児童人権条例の問題点についていくらか説明し、子育てに関わる事項は、イデオロギーから考えるのではなく、人間としてのごく当たり前の常識感覚に基づいたものであってほしいと忠告したのであるが、果たして彼はその忠告を聞く耳を持っていたであろうか。ともかく今日、人権や男女共同参画等の名を出されると、一般に反対ができなくなるかのようである。

一

人権とは本来何を意味するかについて、最近、満足のいく説明を受けた書物は、寡聞ながらも、八木秀次『反「人権」宣言』（ちくま新書、平成一三年刊）と伊藤哲夫『「憲法神話」の呪縛を超えて』（日本政策研究センター、平成一六年刊）で、特にその最後に収録されている論文「誤った〝人権〟論議を正す」である。そして、先の八木氏の論に示唆されながら、特に同和教育の立場から元滋賀県同和教育指導課長で現京都女子大学講師の川嶌順次郎氏が上梓した『人権への教育と啓発——囚われやこだわりの克服』（東信堂、平成一四年刊）は、中学校教諭や担当行政職として長年にわたり同和教育に携わった体験を踏まえながら日本の歴史・文化の特質を考察した上で論じられているだけに、極めて有意義な示唆を与えてくれるように思うのである。ここでは人権とは次のように概念規定されている。

人権とは、一人一人に授けられたいのちの尊厳であり、訴えや主張や行為の正当性である。……〈いのちの尊厳〉とは、怠り無く守り、磨き、発展させるべき責任と義務を負っているものであり、〈訴えや主張や行為の正当性〉とは、その良心と正しさが常に問われ吟味された正義にもとづくものでなくてはならないものである。

この川嶌君の人権規定には、わたくしが研究の中心として来たドイツの哲学者・教育学者のシュプランガー（E.Spranger, 1882—1963）の思想からの示唆も予測される。

そのシュプランガーは、「人権」に関する最古の文献には「すべてのたましいは神に直結するとあり、人権が根源的には宗教的な個人主義が全体的な生の形成の中に放射されていることを明瞭に認識させる」（「ヨーロッパ的陶冶理想について」一九五一年）とし、次のように述べている（「教育力としての国民道徳と良心」一九四八年）。

真正な民主主義の決定的な基礎に属するものは、各々の人間が政治的には〝人権〟にその表現を見出すように、おのおのの人間のたましいの無条件的な価値の承認である。しかし人権は、はっきりとその核心として信仰の自由と良心の自由への要求に由来している。それは取り消せない「形而上的基礎」である。

事実、一七七六年七月にアメリカ独立戦争の際に、ジェファーソン（T.Jefferson, 1743―1826）によって起草された「アメリカ独立宣言」には、「われわれは、自明の理として、すべての人は平等に作られ、造物主によって、一定の奪い難い天賦の権利を付与されている」とあり、また、一七八九年八月にフランス議会で採択された「フランス人権宣言」にも、「ここにこの国民議会は、最高の存在（神）の前で次のような人権及び市民の権利を承認し、また宣言する」とある。シュプランガーも、「今日強調されている人権の宣言とは、われわれが少なくとも倫理的当為の経験によって分かち難く結ばれているあの形而上的なものの範囲に、必然の範囲が永遠に従属しなければならないということを、法律的・政治的にいい表したものに過ぎない」（「教育の未来に及ぼす影響の力と限界」一九五〇年）であり、いわば「公権に対するばらばらの諸要求に対する政治的な交点」としてなされ、その根本理念となったのが「良心の尊厳」であり、ここに西欧自由主義の精神があることを強調しているのである。ちなみに彼はこの良心の自由を擁護するためにヒトラー政権に抗議してベルリン大学教授を辞任した。弟子たちの懇願を受けて復職したが、大学の講壇には立たず自宅で演習を続けていたものの、当局の監視の眼が厳しく、昭和十一年に日独交換教授として来日したのは、それから守るために弟子たちが図ったものと言われている。

確かにシュプランガーが指摘するように、「アメリカ独立宣言」や「バージニア権利章典」、「フランス人権宣言」、さらに西欧諸国の憲法には、宗教的なニュアンスが伺われるものが少なくない（参照：伊藤哲夫『「憲法神話」の呪縛を超えて』）。特に「アメリカ独立宣言」には、イギリスから移入した人たちによるピューリタンの影響が強かったからであろうか。そして今日においても、大統領の親任式にさえもキリスト教方式が生かされている。しかし、フランス革命の際には多くの神父が殺害されており、「フランス人権宣言」では「自由・平等・博愛」が謳われながらも、色合いが異なるのではなかろうか。そして今日生じているテロは、植民地から入国したり、雑役に雇い入れられたアフリカ人たちへの差別に対する反発からなされていることは否定できない。

二

シュプランガーの指摘が正しいとしたら、「人権」の根本原因となる「すべてのたましいは神に直結している」という「形而上的基盤」と「全体的な生の形成」が、今日、人権概念から失われ、畏怖することを欠いた単に利己的な権利要求に堕してはいないか。

キリスト教では人間は造物主によって造られた神の子であるとされているし、我が国では人間は神仏からの授かりもの、預かりものとされてきた。キリスト教徒の言う「神」と日本での「神」とはその内容が異なっても、万物は人間の力を超えた何か大いなるものによって生かされているという考え方は同じであり、その大いなるものを遺伝子学の権威者村上和雄博士は「サムシング・グレート」と呼んでおられるのである。特に我が国では、古来、大自然の作用を崇敬し、路傍の名もなき小草にも虫けらにも何か尊いものが宿っているとされ、それが大乗仏教の「一切衆生悉有仏性」「山川草木悉皆成仏」と習合して独特な心を培ってきた。しかも、人間は誰もが死ねば神か仏として祀られるとされてきたのである。わたくしはこの「生命に対する畏敬の念」を育てることこそ、今日の最重要事項であるとし、その「畏敬されるべき生命」を、①不思議さ　②得難さ　③連続性　④掛け替えなさ　⑤聖なるもの　として捉えるのであるが、これについてはここで述べるいとまはない（参照：拙著『日本教育の再建——現状と課題、その取り組み』東信堂、平成一三年刊）。

世界で最初の幼稚園創設者のドイツの教育者フレーベル（F.Fröbel, 1782—1852）は、「すべてのものの中には、永遠の法則が宿り、働き、かつ支配している。この法則は、外なるもの、すなわち自然の中にも、内なるもの、すなわち精神の中にも、自然と精神を統一するもの、すなわち、生命の中にも、つねに同様に明瞭に、かつ判明に現れてきたし、また現に現れている。………この統一者が神である」（『人間の教育』）とし、誰の内にも秘められているこの「神性」を目覚めさせることが真の教育であると考えたのであるが、このいかなる人間の内にも宿り、作用し続けている神性ないし仏性に対して畏敬の念を抱き、その内なる声に従う良心の自由を擁護することが、人権の基盤であると言わなければならない。

このような生命観は「馬上から政権を取る」ことを旨として「易姓革命」を繰り返し、政敵に対してはその死後にまで憎悪し、墓地を露いて死体を取り出して粉砕したと言われる中国等には見られなかったかもしれない。しかし一般的に、先の形而上的基盤は近代の合理主義的風潮によって段々と失われ、「人間性から論理必然的に生ずる権利であって、換言すれば、人が人たることに基づいて当然有する権利、まあ前国家的自然権というもの。と同時に、九十七条を踏まえて、それはアメリカ、フランス両国家が掲げた政治原理に由来するもの」として捉えられてはいないだろうか（参照：伊藤前掲書）。とりわけ後者の「全体的な生の形成」ということが無視されて、単なる自然的な個人的次元のものに留まり、他人、公共、国、それらを形作っている歴史・伝統との関わり、そこから当然自己が果たすべき義務や責任にまで発展されなかったのではなかろうか。ここに人権では個人の単なる権利行使の面のみが重視され、いくたの問題を生じさせている原因があろう。

三

ところで「児童人権条例」の基となっているのは、一九二四年の「ジュネーブ宣言」であり、それが整備されて、第二次大戦後の一九五九年に国際連合から「児童の権利宣言」として出されたと考えられる。そうして、一九八九年一一月二〇日には第四四回国連総会で「児童の権利に関する条約」(Convention on the Rights of the Child) が採択され、我が国でもこれが平成六年四月二二日に批准され、同年五月一六日に交付され、同月二二日に発効した。これに準じて各地方議会でも条例が規定されることが求められている。

この児童権利条約が採択された当時、確かユニセフはこの条約の趣旨を「世界では、今も一日に四万人の子供が、下痢やはしかなど簡単に防ぐことのできる病気が原因で死んでいます。そして、その殆どが発展途上国の子供たちです。また、先進国でも、いろいろな差別、親による虐待、麻薬、性的な搾取など、子供の権利の侵害状況は深刻です」と述べ、この条約が「子供たちの権利を保障する」ためのものとしていた。とりわけ戦争中や開発途上にある国の子供たちが、飢餓状態にあり、そこでは何でもないような病気のために死ぬことが多いために、この子らを救おうとするねらいが強かったと思うのである。

この意味から今も忘れられないのが、昭和四九年に総理府日本青年海外派遣団団長を仰せつかり、約一ヵ月にわたり十数名の青年代表とともに東アフリカ諸国を訪問した時のことである。特にエチオピアではぼろぼろの衣服をまとい痩せ細った子供たちが、外国からの訪問者を目にすると両手を差し伸べて物乞いに来た。事前に案内してくれた大使館員から、「ただ一人だからと思って何かを子供に渡したら、陰からそれを見ていた多くの子供たちが姿を表し、丸裸にされてしまいますから、ここでは同情して頂かないように願います」と言われていたので、心を鬼にして立ち去ったのであるが、飽食の日本では考えられないような、このように生存さえ危ぶまれる子供たちが世界には今なお少なくないのであろう。このような子供たちを守るために、児童権利条約が批准されたことは当然であろう。

八木秀次氏によれば、国連人権委員会の委員を務め、この「児童の権利条約」の起草にも間接的に関わった国際法学者の波多野里望氏は次のように言っておられると言う（波多野里望著『逐条解説・児童の権利条約』有斐閣刊、一九九四年）。

この条約は、そもそも、発展途上国における子どもたちの人権環境を改善することを〝主たる〟目的としている。この条約は、けっして、国内法体系のバランスを崩してまで、子どもの権利を突出されることを締結国に要求するものではない。

そうして八木氏は、「だからこそ文部省は、批准後の一九九四年（平成六）五月、事務次官通知を出し、〝児童の人権に十分配慮することは極めて重要〟としながら、〝学校で児童生徒に権利と義務をもに正しく理解させる〟〝学校は教育目的を達成するために必要な合理的範囲内で指導や指示し、校則を定めることができる〟〝表明された意見が（学校で）必ず反省されるということまで求めているものではない〟などと現場に留意するよう求めたのである」（八木秀次『国民の思想』産経新聞社、平成一七年）と注意を促しているのである。

さらに八木氏は、この条約の批准前から「子どもの権利条約」と呼び、「子どもは大人から保護される存在から権利行使の主体に転換すると主張する人々がいた」ことを指摘し、子供が「ありのままの自分でいる」ことを「権利」として認め、教育や躾さえをも成り立たなくするような風潮があることに警告を発しているのである（前掲書）。

そうでなくても、最近、我が国でも青少年犯罪が激増している。万引き、夜間外出、突然キレて友達を襲う子、学級崩壊、最近では親による我が子の殺傷、反対に子による我が親の殺傷等々。少年犯罪の内容や質も大きく変化してきた。この理由は複雑多様であって簡単に結論づけることは難しいが、特に問題なのは、家庭の教育機能の希薄、とりわけ母親の愛情不足にあると言われている。母親に温かく抱擁され心の安らぎを抱くことがないのである。父親の影も薄い。小学校に勤務している卒業生によると、その子供をほっておいて、夜遅くまでカラオケ店で楽しんでいる母親も少なくないとのこと。某コンビニエンス・ストアの店長は、万引きをした小学生が手にメモ用紙を握りしめているので、「これ何?」と聞いたら、「お母さんからこれだけの物を取ってきなさいと言われたの」とその子は答えたと言う。そして、地域社会の人間関係も希薄なものとなり、互いに挨拶も交わさない。

この意味から、親と大人が子供たちの真の人権を尊重すべきことを訴えることは、今日必要であることには言をまたない。まずは『児童憲章』(昭和二六年五月五日)に謳われている精神、すなわち、「児童は、人として尊ばれる。児童は、社会の一員として重んじられる。児童は、よい環境のなかで育てられる」を再認したい。とりわけ、その「一　すべての児童は、心身ともに健やかにうまれ、育てられ、その生活を保障される」「二　すべての児童は、家庭で、正しい愛情と知識と技術をもって育てられ、家庭に恵まれない児童には、これにかわる環境が与えられる」……「十　すべての児童は、虐待・酷使・放任その他不当な取扱いからまもられる。あやまちを犯した児童は、適切に保護指導される」は、忘れ去られたのだろうか。

そうして今日、その子供の人権擁護という建て前の下に、却って子供を悪化させるような傾向が生じているのである。例えば男女共同参画社会の推進という美名の下に、母親の労働が奨励され、保育園等による育児の外注ばかりか、その保育時間の延長までが奨励されている。このような外注保育は旧ソ連や東独で失敗したものであり、また最近発展しつつある脳科学からも問題視されているものなのである。児童の人権擁護が求められるのならば、何よりも子供が母親の母乳によって育てられ、少なくとも三歳ぐらいまでは母親の愛情に満ちた抱擁が大切にされなければならない（参照：林道義『主婦の復権』講談社、平成一一年。『家庭破壊』徳間書店、平成一二年。『母性崩壊』ＰＨＰ研究所、平成一一年。『家族の復権』中公新書、平成一三年。林道義編『家庭教育の再生』学事出版、平成一七年。等々）。もちろん、これをなさしめる父親の役割も重要である（林道義『父性の復権』中公新書、平成八年。『父性で育てよ！』ＰＨＰ研究所、平成一〇年。等々）。特にフェミニストによるジェンダーフリーの主張は、明らかに家族の解体を目指すものであり（参照：林道義『フェミニズムの害毒』草思社、平成一一年。『家族を蔑む人々』ＰＨＰ研究所、平成七年。等々）、これこそは人権の名の下に却って児童の人権を侵すものではなかろうか。

学校においても、人権尊重＝放任となってしまっており、授業中に勝手に教室内を歩き回ったり外に出ても、教師が児童に注意することさえも人権侵害であるとされているとか。また、「自分の服装は自分で決める権利」「自分の髪型は自分で決める権利」「オートバイに乗る権利」「飲酒・喫煙を理由に処分を受けない権利」「校則改正の権利」「職員会議を傍聴する権利」等々までが求められているばかりか（『生徒人権手帳「生徒手帳」はもういらない』三一書房、平成二年）、性の自己決定権を主張する立場の教師からは、余りにも極端過ぎる性教育が行われている。『正論』（産経新聞社発行）の一一月号に掲載されている桜井裕子「セックス・アニマル育てる性器・性交教育の実態」には、わたくしの大津市内の小学校においてさえも、そのような性教育が行われていることを、小学校三年生の母親と同五年生の祖母によって語られており（一二七～八頁）、驚きである。さらに、式典等に「国旗」を掲揚し「国歌」を斉唱することさえ、教職員組合加入の教師から児童・生徒の思想・信条の自由に反するという意見が出され、混乱を招いている。何しろ児童の権利条約を楯にした一部教師による暴動によって、今や無視できない状態となっている学校もあることを耳にしているのである。

四

先に何ぴとの内にも神性や仏性が宿り、ここに人権の基盤があるとし、その蔵された神性を目覚めさせ、育てるのが教育であると言う、フレーベルの言葉を挙げた。シュプランガーも教育の究極は「良心の覚醒」にあると言っている。先の川嶌君による人権に関する概念規定もそれらに示唆されたものとも言えよう。何ぴとの内にも神性や仏性が宿るとは言っても、その生来のものがそのまま神仏の似姿として表明されると言うことは全くあり得ない。成人してもつい易きに流れ、悪の道に踏み入ることも大いにありがちである。したがって、何ぴとの内にも神性や仏性が宿っていることを信じ、それを尊びながら、目覚めさせ、育て、自覚へと促し、自らの良心に基づく決断がなし得るように導くことが肝要となる。ところが、児童の人権を尊重するということで、前述したように、生来の欲望の発露をそのまま認めることを重視し、それを止めさせたり叱ることは子供の人権を蹂躙するという考え方があまりにも多くなり過ぎてはいないだろうか。

雑誌『正論』（産経新聞社刊）の平成一四年三月号に寄せられた東京都議会議員の土屋たかゆき氏の論

考「児童の権利条約を読み替える国家解体論者たち」は、我が国が平成六年に「児童の権利に関する条約」(通称「児童の権利条約」)を批准したことを受けて、東京都児童福祉局から意見を求められて審議した結果をまとめ、一〇年七月三〇日に「新たな子どもたちの権利保障の仕組みについて」と題して東京都に提出した意見具申について論じられている。この意見具申は、その前書きに述べられているように、東京都にこの「提言を真正面から受け止め、その施策化を着実に進めることを切望」するものであるが、土屋氏によれば、そこにはいくつかの問題があり、特に「一番重要な問題は、子どもを権利の主体と捉える考え方が先行していることだ。子どもを権利行使の主体として位置付けることによって、いわゆる〝意見表明権〟など、子どもの権利がより鮮明になることをねらってのことであろうが、余りにも作為的だ」とされているのである。「例えば、仮に、少年非行が凶悪化している場合にもあれば、それは権利を侵害された子どもたちの社会への抗議という声として聞くべきであって、なおさら子どもたちの権利保障を急がなくてはならないはずである」と言う文言は、その象徴的なものと言えるのである。

その答申では、「我々(委員)は、それぞれの立場において子どもの問題とかかわってきたが、その経験を通して」、「むしろ権利を侵害された子どもたち」が「問題を起こす傾向にある」と断言されているとか。しかし、わたくし自身も、滋賀県青少年育成県民会議及び大津市青少年育成市民会議の会長として青少年の健全育成運動に長く関わり、また、滋賀県公安委員や保護司として少年犯罪の実情と原因等について、その内実をいくらかは知ることができたが、その経験から、答申のように「権利を侵害された子どもたちが問題を起こす」と断定し、「少年非行が凶悪化しているのであれば、それは権利を侵害された社会への抗議」として「聞くべきだ」とまで言い切ることは、到底できない。ただ、その子どもに対する権利の侵害が、先に一言した親子関係の希薄や子育てに対する無責任や放任、児童虐待を意味するのであるならば、話しは別である。わたくしはこれまで、「子育ての基盤はあくまで家庭にある。そして、地域の子供は地域全体で守り育てなければならない。それを促進し補完するのが行政の役割である」と言い続けてきた。親、大人には子供たちを立派に育て上げる義務と責任があることが忘れられてはならないのである。にもかかわらず、子供の権利保障という名の下に、それさえも否定されてはいないだろうか。

さらに土屋都議員が挙げている事例は、まさにこのことを証するものであろう。それは、平成一一年四月二日に東京都青少年問題協議会（生活文化局所管）が行った「子どもの権利保障」と題する答申であり、それには「子どもの権利条約をいかす東京プログラム」とのサブタイトルが付けられている。そこには次のような記述が見られると言う。

子どもがあそびから帰ってきた。
親「良かったねー。元気で帰ってきて。さー。手が汚れているから手を洗ってきて」
親「まー、汚い足をして、じゅうたんが汚れちゃうんだから」

これはどこの家庭でもよく見られる風景と言えようが、答申によれば、この母親の発言は子供の遊ぶ権利を侵害したものとして「児童権利条約の趣旨からはずれている」と糾弾されるべきものとされている。また、「勉強しろ」というのは、「健康を享受する権利を侵害することである」等々、児童の人権が侵害された多くの事例が挙げられているとか。土屋都議員がその内容を憂いて反論するのは、当然であると言わなければならない。

「児童の権利に関する条約」には、その一二条に「児童の意見は、その児童の年齢及び成熟度にしたがって相応に考慮するものとする」とあり、また、一三条に「権利の行使については、一定の制限を課することができる」とされ、その制限が「(a)他の者の権利又は信用の尊重、(b)国の安全、公の秩序又は講習の健康もしくは道徳の保護」という目的のために必要とされるものに限り、法律によって定められることとなっている。これによっても、子供の人権を尊重することがその放縦な言動をそのまますべて容認することを決して意味しないことを指摘しておかなければならない。あくまで、児童の発達段階に即して、自己と公共、自由と秩序、権利と義務・責任等の関係について、郷土や国の習慣や伝統とともに正しく理解させていくことが求められているものと考えられる。

とりわけ思春期にある少年は、自由を求め大人の社会を否定して反抗するが、しかし他方では、真の理解者を求め、その指導をひそかに渇望している。干渉されたくないが、理解されたい。反抗はするが、指導されたい。それが少年たちの一般的傾向である。その際、彼らは次のような人物を求めていると、シュプランガーは言っている（『青年期の心理学』）。

青年が頼ろうとする人物は、いかなる人間的なものにも冷淡でなく、すでに若干の（人生上の）戦いの勝利を経験しているような人物である。

この意味において、大正から昭和にかけての社会事業者、キリスト教徒の賀川豊彦氏が「子供は叱られる権利がある」と主張されたことの意義は大きいと言わなければならない。逆に言うと、「大人は子供を叱る義務がある」こととなる。このことの意味することを深くかみ締めることが大切であろう。「叱る」と「怒る」とは根本的に異なるのである。ついでに、賀川氏が言う他の権利も挙げておこう（参考：沖原豊『体罰』第一法規、昭和五五年）。

(1)　子供は食う権利がある。
(2)　子供は遊ぶ権利がある。
(3)　子供は寝る権利がある。
(4)　子供は叱られる権利がある。
(5)　子供は親に夫婦喧嘩を止めてと乞う権利がある。

(6)　子供は禁酒を要求する権利がある。

児童・生徒を人間として真に尊重するのであるならば、児童権利条例を安易に定め、いたいけな子供を人権の行使者にすることよりも、先ずは親、教師、大人が我が身を正し、予測すらし得ない子供の可能性を信じ、ペスタロッチーのいわゆる「目と目、面と面、心と心」の精神をもって、常に温かく、しかし時には厳しく、何事に対しても誠心誠意をもって助言・指導を行い、将来の自律に向けて守り育てていくことが考えられなければならない。土屋都会議員は、「戦後の長い間、平和、民主主義、人権は、共産主義、社会主義を信奉する団体の政治戦略に使われてきた。社会主義社会の建設を夢見る教職員団体が教育現場を支配してきたことにわが国の悲劇がある」と言っておられるが、まさに同感である。とりわけ、旧ソ連が崩壊し、東西ドイツの壁が除去され、雪解けが招来して以来、却って共産主義国家で成功し得なかったことが、一部学者や文化人によってマルクスやレーニン等の名が巧みに隠されて、家族解体や国家解体の思想がいかにも新しい理論であるかのように主張され、今やそれが中央官庁にまで入り込んでいるのではなかろうか。人権やジェンダーはその代表的なものと言えよう。八木秀次編著『教育黒書』（PHP研究所、平成一四年）の第二章には「人権」「平等」「平和」「国際理解」という名の偏向教育に関する現状が四人の方によって報告され批判されているが、実に由々しき問題であると考えざるを得ない。とりわけ特定の教職員団体等が、先に述べた「児童の権利に関する条約」の趣旨を意識的に曲解して、「子どもに大人と同様の主体的権利行使能力がある」という観点に立った政治運動を展開し、今や児童・生徒の間にもその誤った権利意識が蔓延しつつあるだけに、地方行政当局は特にこのことに警戒して頂きたいものである。この意味において、八木秀次の著書『国民の思想』（産経新聞社、平成一七年）の第三章「国民道徳の再生可能か」では、各地方で制定されようとしている「児童権利条例」についても批判され、最後に「〝子どもの権利〟の弊害を乗り越えたアメリカ」について報告されている。極めて示唆深い。わたくしたちは人間としてのごく当たり前の常識感覚に立ち還り、そこから正邪を的確に判断し、誤りを跳ね返していかなければならない。特に行政当局にはそのことが求められるが、同時に該当審議会委員の人選にはより慎重を期して頂きたいものである。

（平成一七年一一月一八日記）

我が国の将来は大丈夫なのか

――新内閣・憲法及び皇室典範の改正・国立追悼施設の新設――

去る一〇月三一日に発足した第3次小泉内閣には、その組閣に当たりいわゆる首相の特色とされるサプライズ人事も少なく、「改革の総仕上げ」に向けて手堅い布陣が意図されたものと考え、一応評価してよかろう。とは言え、この度の第四四回衆議院選挙において自民党が圧倒的勝利を獲得した直後であるだけに、今後の動向には、国民全体が監視の眼をより向け続けることが必要であると考える。

一

今度の内閣は「改革続行内閣」と意義づけられている。このことは結構であるが、その改革の突破口とされた郵政民営化そのものの内容にしても、これまで総理から満足のいく説明がなされていない。まして、全改革の理念と方向は全く明確でない。改革が必要なことは当然であるが、その改革はこれからの日本が国際社会の中で志向すべき国家像の下になされるべきである。果たしてその国家像が確立されているであろうか。特に構造改革が目指されている以上、全体の統一的連関が図られなければならず、そのためにはより一層明確な国家像に基づいた理念が中核に据えられていなければならないのである。ましで「民でなされることは民へ、地方でなされることは地方へ」がその改革の原則とされるのならば、たとえ地方や民間でなされ得るとしても、国全体の地域格差等のない全体的発展と国民生活の安心・安全を確立するためには、何としても国の責任において果たされるべき事項がある筈である。このためにも志向されるべき国家像とそれに基づいた改革の理念が肝要と考えられるのであるが、果たしてその国家像が確立されているのであろうか。

とりわけ今日の日本は、国内的には少子高齢化の進行、経済の停滞、ニートやフリーターの増大、詐欺や強盗、少年による我が親殺傷にまでに及ぶ極悪犯罪の激増等が、対外的には拉致や領土の問題をはじめ、国家主権と安全保障に関わる様々な難問が生じており、まさに外憂内患に満たされている。これらを解決するためには、先ずは国家像が明確にされ、全国民が日本人としてのアイデンティティの下に自らの誇りと責任をもって対応していくことが肝要である。

この度の選挙で反対勢力として自民党を離党させられ、あるいは落選した議員たちの中には、平沼赳夫氏、古屋圭司氏、衛藤晨一氏、森岡正宏氏、城内実氏、古川禎久氏等、適正な国家理念を戴して活動されていた方が少なくなかったように思われる。この議員たちを反対に向けたのは、全員一致に至るまでの議論が十分になされなかったことにもありはしないだろうか。ともあれ、郵政民営法案に反対票を投じた多くの議員たちには自民党からの除名処分や離党勧告が出されたのである。これでは今後提案される個々の法案に対して反対意見を述べて自己の信念に基づいて行動した場合には、常にこのような処分を受けると覚悟しなければならなくなる。としたら、党首から出される意見には、すべて面従腹背せざるを得ない。そして、与党議員が全議員の三分の二を占めているのであるから、党首の提案は悉く承認されることとなる。これでは全体主義的専制国家に陥らざるを得なくなるであろう。だから、選挙で圧倒的勝利を得たからこそ、却ってすべての意見に謙虚に耳を傾け、討議を重ねて全員の協調にまでもっていくことこそ肝要であると言わなければならない。はじめに監視の眼をより向けようと言ったのは、この意味からなのである。

二

この度の閣僚人事において、少子化・男女共同参画相にはこれまでジェンダーフリー推進の旗手である猪口邦子女史が抜擢されているのは何故なのだろうか。このジェンダーフリーとは、前東京女子大学教授で日本ユング研究会会長である林道義氏によれば、もともとフェミニズムの理論は「家族の空洞化を正当化しようとして考え出された理論」であり、特に「男女の区別をなくそうとする〝ジェンダー〟」

には「もとの欧米の極左思想がそのまま込められている」。そうして、ここから生じる「ジェンダーフリー」の考えは、今日の脳科学の結果からも誤っていることが証明されている（参照：林道義『家族を蔑む人々』ＰＨＰ研究所、平成一七年刊）。にもかかわらず、このジェンダーフリーの思想の下に、家庭での手塩にかけた子育てよりも、保育園等での外注育児が奨励されるばかりか、小学校にまで過激な性教育が持ち込まれている。この性教育の異常さについては、すでに山谷えり子参議員議員が今年の三月四日の参議院予算委員会での質問によって明らかにされている。改革の名の下にこのジェンダーフリーが国是とされるとしたら、それこそ大問題である。なお、雑誌『正論』（産経新聞社）の一二月号に寄せられた櫻井裕子女史の卓論「猪口さん、ジェンダーフリー推進の旗を降ろして！」は、猪口大臣にはもとより、多くの方々に読まれることを願うものである。

この問題は人権と関わって提案されるだけに、特に公明党が求め続けてきた人権擁護法案や永住外国人への参政権付与の問題とともに、十二分な監視が求められると考える。

また、杉浦正健新法相は初閣議後に行われた記者会見で「死刑執行の命令には署名しない」と明言したと言う。後に取り消されたとしても、死刑執行の是非は別として、法相としてこの発言は問題であろう。たとえ自分自身の「心の問題というか、宗教の問題というか、哲学の問題」として、死刑執行に反対であるとしても、担当大臣としては現行刑法に従うべきである。それと今後の検討問題にするのとは別問題である。死刑執行に反対であるならば、法相就任を辞退すべきであったと考えるのである。これらは一例に過ぎない。

理念のない単に改革のための改革に陥るとしたら、国民の知らないうちに妙な法案が成立することがあり得ることは、前国会において担当委員会の古賀誠委員長によって人権擁護法案が強引に上程されそうになったことからも推測される。このとき、先のいわゆる抵抗勢力とされる議員たちの努力なしには、我が国も人権擁護の名の下に人権蹂躙が横行する国となっていたかもしれないのである。

三

先に日本の国家像の確立と言ったのであるが、それは日本国憲法と教育基本法の改正の中でなされなければならない。日本国憲法については、自民党は去る一〇月二八日に立党五〇年を記念して「新憲法草案」を決定した。また、民主党も同月三一日に「憲法提言」を行った。今後の進捗が期待される。憲法論については全くの素人であるわたくしが、ここで各条項について意見を早急に述べることは遠慮したい。ただ、自民党案で、先の国家像と関係して問題は前文である。ここでは、先に中曽根康弘元首相や安倍晋三前幹事長代理等がまとめた前文原案から、日本の自然や風土、歴史や伝統・文化を謳った記述が削除されており、現行憲法の前文とあまり変わりがなく、いずれの国の憲法なのかが不明確なように感じられてならない。これでは特に青少年に夢と希望を与え、日本国民としての自覚と責務を感得させることができるだろうか。今後のさらなる検討が望まれるのである。

教育基本法の改正に関しては、「日本の教育改革」有識者懇談会（略称「民間教育臨調」）は超党派国会議員連盟「教育基本法改正促進委員会」と共にすでにその大綱を発表している（『新教育基本法の提唱――二一世紀の構築のために』平成一六年一一月）。しかし、「地球民族主義」とやらを目指す公明党が「国を愛する」ことは「統治機構を愛する」ことに通ずるとして、愛国心の育成を宗教的情操の涵養とともに反対していることは、それが特定の教義に由来するものであるとしたら、ごく普通の国民としても政教分離の立場から問題ではなかろうか。

国家像とも関係し、首相の私的諮問機関である「皇室典範に関する有識者会議」は、最近、「女性天皇」はもとより「女系天皇」を認め、皇位継承順位については、男女を問わず、出生順に継承順位が決まる「長子優先」案を軸に調整し、報告書の取りまとめに入ったとのことである。新聞等でこの会議の審議状況を読む限りでは、失礼ながらこの会議は果たして有識者会議と呼び得るものなのだろうか。何よりもこの会議には専門家がいない。吉川弘之座長は元東大総長であるとは言え、その専攻はロボット工学とのこと。それだけに最終報告案らしきものでも、この有識者会議の考え方は、日本政策研究センター所長の伊藤哲夫氏の言葉を借りて「天皇制度解体への一里塚」（『明日への選択』付録。平成一七年一一月号）とも言うべきものであるとしても、それは決して言い過ぎではなかろう。

この有識者会議では、これまで百二十五世もの世界に冠たる万世一系の皇位が継承されてきたことの意義や特質について、歴史学等の専門家や特にこの皇位継承問題についての研究者たち、それこそ真の有識者から広く意見が聴取されたのだろうか。確かに歴史上八方十代の女帝がおられたが、それはいかなる事情によって即位されたのか。それらの女帝方がすべて独身ないし寡婦だったのはどうしてなのか。単に男女同権ということから単純に女帝を認めるのではなく、歴史の中で女帝を頂かざるを得なかったのはなぜか等についての論及が必要であろう。確か皇位を継ぐべき男子の方がまだ幼少であったり、病弱であった場合に限り、女性が一時的な中継ぎとして皇位に就かれ、男子の方が皇位継承が可能になった暁にはすべて皇位をお譲りになられた筈である。その女帝もすべてが男系天皇に繋がる方であった。つまり、万世一系とは、神武天皇以来、皇紀二千六百六十五年、百二十五代にわたり、男系天皇のみが擁立されたものだったことに留意する必要があろう。

また、今後もし女帝を認めた場合、それは生涯独身が求められるのか。もしご成婚されるとしたら、その婿殿にはいかなる方を迎え、いかなる処遇を行い、いかなる公務を掌ることが可能なのか。女帝であっても天皇としての全てのご公務を果たし得るのか、特に皇室の宮中祭祀に対してどうなのか。等々。これらの諸問題について慎重な検討がなされたのか。また、たとえ憲法には「(天皇の)地位は、主権の存する日本国民の総意に基づく」とあるからと言っても、皇族方のご意見を承ることなく国会の決議を押しつけることは不敬に当たらないか。いやそれ以上に、それがやがては国会決議によって天皇制の廃止に道を開くことにならないのか。全国民が崇敬する皇室の存続を、たとえ皇族であるとしてもわたくしたちと同じ人間として、もし自分たちの家系、とりわけ本家の家系の存続であるならばどのように考えるかという、温かい人間味溢れる思いや願いの中で審議がなされたのか。吉川座長は憲法上皇族のご意見を徴することができないと言っているが、それはどの条項に規定されているのか。ごく普通の日本人としてお尋ねしたいものである。

幸い、一一月四日付の各新聞には、三笠宮寛仁《ともひと》殿下が会長を務められている福祉団体「柏朋会」の会報『ざ・とど』に全くプライベートなものとして寄稿されたコラムが報道された。殿下は実に遠慮気味に、しかし極めて重要な視点と方法を具体的に述べておられる。例えば、

万世一系、一二五代の天子様の皇統が貴重な理由は、神話の時代の初代・神武天皇から連綿として一度の例外も無く、「男系」で今上陛下迄続いているという厳然たる事実です。…………

歴史上八名十方（御二人が二度践祚されている）の〝女帝〟がおられましたが、全員在世中、独身または寡婦（未亡人）でいらして、配偶者を求めておられませんので、「男系」が守られ、「女系」には至ってない訳です。…………

「継続は力なり」と言いますが、古代より国民が、「万世一系の天子様」の存在を大切にして来てくれた歴史上の事実とその伝統があるが故に、現在でも大多数の人々は、「日本国の中心」「最も古い家系」「日本人の原型」として、一人一人が何かしら「体感」し、「天子様」を明確な形であれ、否とに拘らず、敬ってくださっているのだと思います。…………

民主主義の世であるならば、国民一人一人が、我が国を形成する、「民草」の一員として、二六六五年の歴史と伝統に対しきちんと意見を持ち発言をして戴かなければ、いつの日か、「天皇」はいらないという議論に迄発展するでしょう。……………

政治上の問題には口出し出来ないという立場をご理解頂きながら、よくぞここまでご発言下さったものと謹読した。殿下のお考えは、その中での四つのご提案とともに、これまで東京大学名誉教授小林桂一郎氏、日本政策研究センター所長伊藤哲夫氏、高崎経済大学助教授八木秀次氏等の著述を通じて共感していた考えと全く同意見であると言えよう。

このご提案の中に、「元皇族に、廃絶になった宮家の祭祀を継承して戴き再興する」とあるが、戦後占領軍によって廃絶させられた宮家を皇籍に復帰して頂くことが、万世一系の伝統を誇る男系天皇の彌栄《いやさか》を考えていくために、何よりも肝要であると考えたい。一般庶民と比較するのは失礼極まるとしても、世継ぎの問題は一般家庭でも極めて難しい。わたくしが住む奥比叡の麓の里山でさえも、何代も続いてきた家に婿養子の成り手がなく、独身女性で家系断絶とならざるを得ない旧家が少なくない。そのことにも鑑み、これまで皇統の継続に大きな役割を果たしてきた皇族の皇籍復帰を何としても願いたいものである。

男系継承維持派の民間有志でつくられている「皇室典範問題研究会」代表の小堀桂一郎東大名誉教授も、次のように言っておられる（『産経新聞』平成一七年一一月七日）。

有識者会議は寛仁殿下のご意見を真剣に受け止め、結論を急ぐべきではない。皇族のご意見を聴かないというのは思い上がった態度であり、元皇族の皇籍復帰などをなぜ真剣に検討しないのか。

四

次に我が国の歴史と伝統に支えられ、国の在り方に深く関係するのが、靖国神社問題であろう。靖国神社は日本人古来の信仰伝統としての「祖霊信仰」ないし「みたま信仰」、そして「氏神信仰」ないし「民間信仰」の発露として、明治二年（一八六九）に「東京招魂社」として創建され、アメリカ東インド艦隊の黒船四隻が司令官ペリーの指揮下に浦賀に来航した嘉永六年（一八五三）以降の国事殉難者が祀られたのが始まりで、明治一二年（一八七九）に「靖国神社」と改称され、平成一〇年一〇月現在で二四六万六三二八柱が合祀されている。それは軍人軍属だけでなく、文官・民間人、従軍看護婦、ソ連軍が不可侵条約を一方的に破って侵入した樺太で最後まで職務を全うして殉じた女子電話交換手、国家の方針で沖縄から鹿児島県へ疎開する途中で撃沈された対馬丸に乗っていた千五百名の学童、父兄、ひめゆり部隊女子学生の方々をはじめ、さらに二万数千人の朝鮮半島の方や三万数千人の台湾の方たちも含まれているのである。

国難に殉じて下さった方々に対して総理大臣が哀悼と感謝の誠を捧げることは当然であるにもかかわらず、中曽根総理大臣の公的参拝問題以来、中・韓両国から強い反発がなされてきたことの意味については、そこで特に問題とされるA級戦犯の問題とともに、これまでに何回か述べてきた。八月一五日に参拝することを公約として総理大臣に就任した小泉現総理は、就任以来参拝の日を変えながらも毎年参拝し、今年も靖国神社秋季例大祭初日の一〇月一七日に行われたことには、敬意を表したい。しかし、その参拝は小泉首相の靖国神社参拝をめぐる一連の訴訟と最近相次いだ不当な高裁判決のためにか、誰もが落胆したであろうような方式であったことが残念でならない。

ところが早速、中・韓両国から厳しい抗議がなされ、予定されていた首脳会談までが中止された。特に韓国の潘基文外交通商相は、新追悼施設の関連予算を計上することまで要求した。しかし、中国が「靖国参拝は中国国民の感情を傷つける」と言うのは、単なる「言いがかり」に過ぎない。靖国神社と歴史認識とが格好の外交のカードとされているのである。また、韓国とは大東亜戦争で戦ってはいない。それればかりか、朝鮮人には戦争末期には兵役の義務が課せられたが、それまでの昭和一三年から同一八年までの間には志願兵が募集され、数十倍もの応募率を突破して日本国軍人・軍属として出征した朝鮮青年は二四万二千人以上と言われている。そして先にも一言したように、そのうちの約二万一千柱が靖国神社に合祀されているのである。死生観と慰霊の仕方は国々によって異なるものであり、他国から干渉される筋合いはない。まして国家予算にまで口出しするのは、明らかに内政干渉である。何しろ靖国神社には今年の終戦記念日の八月一五日には、二〇万五千人もが参拝しているのであり、それだけに靖国神社は日本人の心となっていると言わなければならない。全日本人が一体となって毅然たる態度をもって跳ね返すことが必要であり、少しでも彼らの「言いがかり」に同調するとしたら、たとえ捏造してでもそれを強要しさえすれば、日本は何でも言うことを聞く国と思わせ、ますます相手を喜ばすこととなろう。

にもかかわらず、一〇月二八日には、靖国神社とは別の戦没者慰霊施設の建設を目指す超党派的議員連盟「国立追悼施設を考える会」の設立発起人会が国会内で開かれ、会長には自民党元副総裁山崎拓氏が、副会長には公明党幹事長の冬柴鉄三郎氏と民主党幹事長の鳩山由紀夫氏が就任した。なお、この発起人会には自民党からは福田康夫元官房長官、加藤紘一元幹事長、額賀福志郎前政調会長、公明党からは神崎武法代表、東順治国対委員長、民主党からは仙谷由人前政調会長、江田五月参議院議員会長らが出席している。この議連は小泉首相が靖国神社に参拝した三日あとの一〇月二〇日に訪韓した山崎拓氏が鄭東泳統一相が国立追悼施設建設を強く要望されたことから、それに応え帰国後直ちに冬柴氏や鳩山氏と協議して設立に漕ぎ着けたものであり、その設立総会は来一一月九日に開催される予定とのことである（『産経新聞』平成一七年一〇月二九日付）。平成一四年に当時の官房長官福田康夫氏の私的諮問機関が新施設建設を提言した際には、現内閣中川昭経済産業相ら自民党所属議員の半数を上回る二六四人が反対署名を行ったのであるが、外国からのいわれのない要求に従おうとするかのようなこの「国立追悼施設を考える会」に参集する議員たちが、国難に殉じた英霊を貶め、国の歴史と伝統を破壊する人物でないことを願いたい。誠に失礼ではあるが、最後に十一月十一日付の『産経新聞』の「産経抄」を引用しておこう。

「小人閑居にして不善をなす」とはよくいったものだが、国会議員もヒマになると似てくるものらしい。国立の戦没者追悼施設建設を推進する超党派の議員連盟が結成されたが、集まった先生方をながめてみると……▼首相になるチャンスを決断力のなさからフイにした加藤紘一さん、無我ながら「ポスト小泉」候補の一人とされる福田康夫さん、そして下半身スキャンダルを週刊誌に散々とりあげられた山崎拓さんが会長におさまっている。俗臭芬々と言いたくなってくる。民主党の前原誠司代表が参加をとりやめたのは実に賢明だった▼「政局的な思惑は一切ない」という山崎さんの言葉を信じるにしても、韓国要人から靖国神社に代わる施設建設を求められ、帰国直後にバタバタと議連設置を決めたのはどういう了見か。彼がどこかのマスコミが噂した外相に抜擢されていたら、と思うと背筋が寒くなる▼もっと解せないのは、宗教にはもっとも理解のある政党だと思っていた公明党が「無宗教」の施設建設にいたく熱心なことだ。共産国家でもないのに死者を追悼する場が「無宗教」で本当にいいのだろうか▼議連の先生方は、理想型として米ワシントンにある国立アーリントン墓地を頭に描いているようだが、この墓地の入り口には「わが国の最も神聖な聖地(SHRINE)という看板が立てられている。靖国神社も英訳すれば、(YASUKUNI SHRINE)となる▼そんなに「国立」がいいなら、国家護持法案をつくって靖国神社を国営化する方法を考えてはどうなのか。国論を二分するのが確実な事業に、貴重な税金をつぎこむことはない。他国よりも、戦死者のご遺族の声を十分に聞いてこそ日本の「政治家」だろう。

まさに言い得て妙である。外国からの言われのない内政干渉に、こうも安易に応じていいのだろうか。そうすれば、相手はますます増長して付け上がることは間違いない。平和国家とは外交上相手の誤りをも黙って認め、事なかれ主義に生きることを意味しない筈である。「和して同ぜず」。これこそが肝要なのであり、毅然とした態度で相手に接し、相手の誤りに対しては日時をかけてでも明確に正していかなければならない。このためには、わたくしたちは我が国古来の歴史と伝統を大切にし、その基盤の上に新しい国際時代に相応しい国家理念を構築し、国益に適った改革を促進すべきことを訴えていきたい。先ずは、東京裁判史観ないしマルクス史観に基づく反国的自虐史観からの完全な脱却がなされることを願い、各学校において中正な歴史教科書が使用されるための運動をより強化していくことが肝要であると考えている。江湖のご支援とご協力をお願いする次第である。

（平成一七年一一月一一日記）

〔追記〕

一二日付の『産経新聞』には、「新たな戦没者追悼施設建設を目指し、九日に発足した超党派の『国立追悼施設を考える会』（山崎拓会長）に参加した自民党衆院議員のうち、山崎氏ら一六人が、先の衆院選で政治団体『神道政治連盟』と〝新施設構想に断固反対〟との『公約書』を取り交わしていたことが一一日、分かった。選挙後わずか二ヵ月での豹変ぶりに、選挙で山崎氏らを支援した神道政治連盟は不信感を募らせている」と報じられ、事務局長の渡海紀三朗、森山真弓氏ら、『公約書』に署名していながら先の新議連に参加した一六名の議員名が記されている。また、昨夜のNHKテレビ・ニュースも報じていたが、一一日には日韓議員連盟の合同総会がソウルで開会され、そこで靖国神社問題に関連し「新たな追悼施設の検討を真剣に進める」ことなどを盛り込んだ共同声明が採択されたと言う（一一月一二日付『京都新聞』）。国政を担う選良としての節操が問われよう。

なお、『正論』（産経新聞社刊）新年号には、日本会議専任研究員である江崎道朗氏による論考「反靖国議連で報告された追悼論議のお粗末――売国センセイたちも唖然茫然!?」が掲載されている。そこでは特に、平成一三年一二月に福田官房長官のもとに設置された私的諮問機関「追悼・平和祈念のための記念碑等設置の在り方を考える懇談会」の座長代理として「最終報告書」のとりまとめに当たった山崎正和元東亜大学学長の講演の中で、「施設を建設しても中韓との関係は修復せず」とする仰天発言がなされたことに、与野党幹部たちの予想もしなかったこととして驚いたと言う。韓国では、朝鮮が戦前から日本軍による侵略と植民地化に対して独立戦争を続け、特に大東亜戦争中は中国にあった大韓民国臨時政府の「光復軍」がアメリカや中国と共に日本と戦い、勝利に導いたこととされている。だから韓国が靖国神社や我が国の歴史教科書に対して執拗に内政干渉を行うのは、この捏造された歴史を竹島の韓国領とともに事実として認めさせようとしているとしか考えられない。それだけに、たとえ新追悼施設を建設しても、それで矛を収めるようなことは決してないことは確かであろう。センセイ方はようやくそのことに気づかれたのだろうか。

（平成一七年一二月五日記）

＊　＊　＊

去る一一月二四日、小泉首相の私的諮問委員会「皇室典範に関する有識者会議」は最終報告書を提出した。この報告書には「女系・女性天皇を容認」し、「皇位継承順位は男女を問わず第一子優先」が結論付けられている。しかし、その根拠は全く不明である。まさに「初めに結論ありき」の所産であり、二千数百年、百二十五代に及ぶ我が国の誇るべき歴史や伝統に応え得るようなものでは全くないことが、多くの方々から指摘されている。

三笠宮寛仁殿下の遠慮がちなご意見に対しても、吉川座長は記者団に「それによってどうということはない」と答え、聞く耳を持とうともしていない。戦後、占領軍の強要によって民籍降下に追い落とされた十一宮家のうち、まだ残っておられる六宮家の方々に皇籍復帰して頂き、そこの男系男子を皇族のご養子にし、できたら内親王が嫁ぐという案に対しても、それが討議された形跡はなく、ただ古川座長は「民籍降下から六十年近くたって皇族になるといっても国民感情から受け入れられない」と断言している。そうであろうか。そのくせ報告書では、「皇族の子孫は世数を問わず皇族の身分を有するいわゆる永世皇族制を前提」とし、「女性天皇、内親王、女王の配偶者も皇族の身分を有することとする必要がある」としているのである。これではやがて歴史的な正統性のない皇族が溢れ、その中から天皇が誕生することにもなりかねない。また、あの弓削道鏡のように皇位をねらう人物や自分の権力欲や利権欲から皇室を利用する人物が似而非皇族間から現れないとは決して言い切れない。これでは「安定的で望ましい皇位継承」がなされ得るかは疑わしいし、却って「国民感情から受け入れられるもの」では決してなかろう。至難なのは皇婿の確保と選定、処遇の問題であろうが、それに対して有識者会議は「われわれの使命の外」としている。また、イギリス王朝では女系を認めているが、女系継承の都度、チューダー朝、スチュアート系等と王朝名が変わっている。これで、果たして万世一系と言い得るのか。このことについては一言もなされていない。ともかく当有識者会議では、吉川座長は平然と「私たちは歴史観や国家観で案を作ったのではない」、「われわれの世代が歴史をつくるという立場で検討したい」と述べ、第一回会合後の記者会見で「最終的に国民の平均的な考え方で決めるしかない」と語ったと言う。ともかく謙虚に悠久の歴史から学ぶという姿勢は全く見受けられないのである。

しかも、十人の委員は夫々の分野では有識者であるかもしれないが、しかし皇統に関する専門家はその中に一人も含まれていない。吉川弘之座長は前述したようにロボット工学者である。学生時代には共産党民青の書記局員として活躍し、逮捕歴もあるとのこと（『国民新聞』平成一八年一月三一号）。座長代理を務める元最高裁判事の園部逸夫氏は行政法が専門であるが、最高裁在任中に、判決の本論と明らかに矛盾する「傍論」の中で実在しない「朝鮮人強制連行」を念頭に外国人の地方参政権を容認したとか（百地章「正論―初めに結論ありきの典範改正論議」『産経新聞』平成一七年一一月二六日付）。また、その著『皇室学概論』には憲法の規定が伝統・歴史に絶対優位すると述べられており、共産党系の天皇制廃止論者であるとさえ言われている（中川八洋「天皇・皇族を皇位継承審議から排斥してよいか」『正論』平成一八年一月号）。もう一人の中心人物とされている前内閣官房副長官の古川貞二郎氏は、例の村山元首相談話を「日本政府の基調としたもので、高い歴史的価値がある」と評価し、新たな戦没者追悼施設の建設にも賛成していると言う（百地章、上掲論考。『産経新聞』「戦後60年インタビュー」八月一四日付）。そして、委員の中には、「なぜ私のような畑違いの学者に依頼するのかわからない」と率直な感想を述べていた委員もあったとか。

このような門外漢たちが僅か一年足らずの、たった十七回、三十時間そこそこの会議によって、このような重大な問題に解答がなされ得るのであろうか。二回にわたる計八人の専門家からの意見聴取もなされてはいるが、それらの見解には一致点が見出されず、その中の二人（大原康男・国学院大学教授・宗教行政、八木秀次・高崎経済大学助教授・憲法学）は現行の男系男子維持の優先、三人（高橋紘・静岡福祉大学教授・現代史、高森明勅・拓殖大学客員教授・神道古典、所功・京都産業大学教授・日本法制史）は女性天皇容認を主張、残る三人（鈴木正幸・神戸大学副学長・日本近代史、横田耕一・流通経済大学教授・憲法学、山折哲雄・国際日本文化研究センター名誉教授・宗教学）は立場を明らかにしていない。中でも憲法学の横田耕一教授からは「そもそも憲法の表現（国民主権、平等原則など）と矛盾する天皇制度維持の必要があるのか」とし、皇室制度自体に批判的な意見さえ出されている（『産経新聞』六月一日、九日付）。横田氏が我が国のことをどのように考えているのかが疑われてならない。この意見聴取がその後の議論にどのように生かされたか、反論されたのか。真摯で誠実な研究者であるならば、他人、とりわけ専門外の事柄に関してはとりわけ謙虚に耳を傾け、受入れるべきものは受入れ、退けるべきものは退け、その論点をも明確にする必要があろう。しかし、残念ながら報告書にはそれが見られない。

ともかく多くの方々から指摘されているように、「国柄の根本にかかわる」「二千年近く男系男子によって伝えられてきた皇室の伝統を正面から否定する結論」（百地章「初めに結論ありきの典範改正論議」『産経新聞』一一月二六日付け）が、「あまりにも拙速」に出され過ぎているのである。「皇室典範問題研究会」（代表・小堀桂一郎）や「皇室典範を考える会」（代表・渡部昇一）等の皇室研究者、「日本会議国会議員懇談会」をはじめ、埼玉県、静岡県、神奈川県の知事ら自治体首長たちまでが批判の声を上げておられるのも当然であろう。

しかし、この報告書を受け取った小泉首相は同報告書を「大変意義深い」と評価し、来年の通常国会で成立させたいと述べたと言われている。これが基となって皇室典範の改正案が国会に上程され、それが前の郵政民営化の時のようにいわゆる「小泉劇場」によって議決されるようなことになるとしたならば、それこそ我が国の悠久な歴史を根本的に覆し、革新陣営が長く求め続けてきた共和国への道を開く結果に陥るであろう。全国民が世界に誇るべき我が国の悠久の歴史に新たに思いを馳せるとともに、政府に対して厳しい監視の眼を光らさなければならないのである。

最近、竹田恒泰『語られなかった皇族たちの真実』（小学館、平成一七年一月刊）を入手することができた。著者の竹田氏は昭和二二年に皇籍を離脱した旧皇族・竹田家のご出身であり、明治天皇の玄孫（孫の孫）に当たる。明治天皇から賜った「竹田」という家名を大切に守ってこられた御祖父が行い続けてこられた神事等を見ながら育ってこられた方であるだけに、これまで歴史上幾たびか皇統断絶の危機に見舞われながらも、あくまで伝統護持を基に叡知が傾けられ、「万世一系」が男系継承によって維持されてきたこと、皇室の神事や御公務からも、女性天皇では難しいこと、女性天皇が「中継ぎ役」として一時的に即位されたのは、いかなる時であり、その解消にいかなる努力がなされたかといったことなどが、各女帝に即して具体的に説明され、また、なぜ男系でないといけないのかも説得深く語られている。また、皇族様方が戦時中や終戦時、さらには占領下にはいかなるご苦労をなされ、そのご苦労によってどれほど国民が救われたか、占領軍による皇籍離脱等々についても述べられており、天皇家の御聖徳によって国民との信頼関係が結ばれてきたことによって、万世一系の天皇制が百二十五世、紀元二千六百六十五年の長きにわたって続いてきたことが理解されるのである。このような皇室の伝統と歴史、内部的事情等についての理解なしに、安易に女性・女系天皇を認め、その継承順位の第一子優先と決定することが、いかに間違いであったことか。何しろ我が国の国体に関わる最大の事案である。うっかりすると、我が国が世界に例のない悠久の歴史的伝統をもつ天皇制を廃止させて共和国制に向かわさせることにもなりかねないのである。政府は有識者会議の最終報告に則って早急な結論を出さず、それこそ皇室の制度や歴史を専攻する真の有識者たちの見解に広く耳を傾けながら慎重に検討してほしいものである。

（平成一七年一二月十日記）

〔参考〕『明日への選択』日本政策研究センター、一七年一二月・一八年一月号。『日本の息吹』日本会議、一七年一二月・一八年一月号。『正論』産経新聞社、一八年一月・二月号。『諸君！』文芸春秋、一八年一月号。『Ｗｉｌｌ』ワックス・マガジンズ、一八年一月号。

（本論の第三章は、日本政策研究センターの呼び掛けに応じ、「皇室典範に関する有識者会議」にファックスで送付した原稿に手を加えたものである。）

あの拙速で問題の多い有識者会議の報告に基づいた皇室典範改正案が本国会に提出されることに危惧する議員及び国民の声が高まるにつれて、小泉首相はますます依怙地になって強行しようとするかのような態度が伺われた。首相がなぜこれほどにまで皇室典範の改正に熱心なのだろうか。そのきっかけが、次のことにあるとの意見さえある（桜井よしこ「小泉首相が招いた〝女帝論議〟の誤り」『週刊新潮』平成一八年一月五・一二日号）。

＊　＊　＊

天皇家の最重要の務めのひとつは祭祀をとり行うことである。春や秋の祭祀はとりわけ重要で、首相以下三権の長をはじめ閣僚らも参加する。全員、モーニング着用の厳粛な雰囲気のなか、天皇ひとり三殿で祭祀を行われる。首相らは回廊に設けられた席で、ひたすら待つのである。

あるとき、小泉首相は伝統に従い三権の長と共に回廊に控えていた。席からは、奥の様子を伺い知ることができない。やがて、首相は宮内庁長官に、殿下は一体どんなことをなさっているのかと尋ねた。祭祀は先祖神への祈りであり、感謝であり、それを陛下がどのように行われるのか、知る由はない旨長官は答えた。すると、首相が厳しい表情で呟いたという。「改革だ」と。

回廊を充たす静寂をわずかに震わせた首相の呟きが、いまや、有識者会議の報告書となり、皇室の在り方を根本的に変えようとしているのだ……。

同様な記事は、『週刊文春』（平成一八年二月一六日号）にも、「〝皇室も改革だ！〟小泉首相不敬言行録」として掲載されている。これが本当なら大変なことである。首相の理念なき改革のための改革の正体を見た思いである。

さらに、小泉首相の偉大なイエスマンと自認する自民党幹事長の武部勤氏は、地方議員との会合で「皇室典範改正は天皇のご意志だ」と明言したとか（『週刊新潮』平成一八年二月九日号）。宮内庁は「天皇陛下におかれては、記者会見で、皇位継承制度は法律に基づく制度の問題であり、国会で議論されることであり、発言は控えたいとお答えになっていいます」と言っているにもかかわらずにである。幹事長のこの発言は明らかに天皇陛下までを「政治利用」しようとするものであり、不敬極まるものであると言わなければならない。

わたくしは日本会議及び日本政策研究センターの勧めに応じて、先に小泉首相と武部幹事長らに次の葉書を出さざるを得なかった。

総理は本日の新聞にも例の「皇室典範に関する有識者会議」の最終報告に基づいた皇室典範改正案を本国会で成立させたいと強弁されています。先に例のホリエモンを推薦したことによって自民党の品位や威厳を著しく低下させましたが、今後の問題はそれとは遥かに次元の異なる由々しき大問題です。総理は世界に誇るべき悠久の歴史と伝統を覆し共和制国家に道を拓くことにどうして急がれるのでしょうか。総理からは日本の心が消え失せたのでしょうか。総理のこれまでのご功績はすべて消え、汚名だけがいついつまでも語り継がれていくことでありましょう。真に国の在り方に対して強い思いを抱く多くの国民のことを思い、専門家の意見等にも謙虚に耳を傾け、慎重な対応をして頂くことを切にお願い申し上げます。

この首相も、去る二月八日に秋篠宮妃紀子様に御懐妊の兆候が見られたことから、九日になってようやく本国会への上程を断念したという。首相としては、改正慎重派の国会議員が増えつつある中で、紀子様の御懐妊を祝し無事出産されるまでは国論の深刻な対立を避けるための、苦渋の決断であったようである。紀子様の御懐妊をお慶びし静かにご安産をお祈りするのは、国民として当然のことであろう。そうして、拙速な改正によって二千六百六十五年間続いてきた世界に誇るべき伝統の破壊がとりあえずは避けられたことを喜び合いたい。紀子様の御懐妊はまさに天祐と言うべきだろう。心有る国会議員たちによる学習会を始められたようであるが、国民もまた我が国悠久の歴史から我が国独自の天皇制の意義を再認し、国民世論の結集の下に皇室典範の改正が慎重になされ、皇室のより繁栄が期されるように努めるべきであろう。このために、大津市出身で著名な神道学者・国学院大学神道文化学部教授の大原康男氏が、「喫緊の課題とされている女性天皇については、わが国の皇位継承の歴史をきちんと踏まえ、過去に十代八方おられた女帝の意義と役割を理解し、正しい基本的認識を共有することが先決。男女平等論や外国の事例の安易な模倣からやみくもに女性天皇容認に走るのではなく、ＧＨＱの圧力で臣籍降下された旧皇族の皇籍復帰や養子制度の再考など宮家存続のための制度改革を含めた多面的な考察が必要である」と提案されていることは（『日本息吹』日本会議、平成一七年一二月号）、大いに参考となろう。

何しろ二千数百年もの長きにわたり国民から敬愛され続けてきた我が国の万世一系の天皇制は世界に冠たるものであり、あの世界的な物理学者であるアインシュタイン（Albert Einstein, 1879—1955）が大正一二年に来日した際に、次のようにまで述べられたことが忘れられてはならないのである。

近代日本の発達ほど世界を驚かしたものはない。長い歴史を通じて万世一系の天皇を頂いてきたという国体をもっていることこそ今日の日本をあらしめたのである。世界は幾度も戦争を繰り返してきたが、最後には戦いに敗れる時が来るだろう。このとき人間は必ず真の平和を求めて世界の盟主を挙げなければならない時が来るに違いない。その世界の盟主は、あらゆる国の歴史を超越した、世界でもっとも古くかつ尊い家柄でなくてはならない。我々は神に感謝する。神が我々人類に日本という国を作っておいてくれたことに。

（平成一八年二月一一日記）

第二部　教育の原点を求めて

新しい時代に向けて

新世紀の教育課題

ローマ・クラブがそのレポート『成長の限界』において、「世界環境の量的限界と行き過ぎた成長による悲劇的な終末を認識する」ことの必要を訴え、人類の危機に対して警鐘を打ち鳴らしたのは、一九七二年であった。ローマ・クラブはこの危機を克服するために、その後、鋭意検討を続けて、『転機に立つ人間社会』（一九七四年）、『国際秩序の再編成』（一九七六年）、『消費の時代を超えて』（一九七六年）、『人類の目標――地球社会への途』（一九七七年）など、一連のレポートを発表して来た。これらを繙くとき、最初は、将来の成長・発展に対する資源の限界や制約から生じる世界的問題性に重点が置かれていたのであるが、現在はむしろ、「世界的問題解決における人間的要素の重大性」がより明瞭に認識されて来ていると言うことができる。そうして、「人類社会の将来は、結局、人びとが適切な学習能力をどこまで身に付けられるかによって決まる」ということで、学習問題が重大な検討課題として浮かび上がり、それに関する国際会議での討議の結果が、一九八〇年に『限界なき学習』として報告されているのである。

ここでは特に、人類の苦難はヒューマン・ギャップ——複雑性が進んでいくにもかかわらず、それに対処するわれわれの能力との間に開きのあること——から生じているとされ、このヒューマン・ギャップに対する解決および人類の将来に対する保証を人間自身のうちに見出されなければならないことが強調されている。このためには、すべての人間が自己自身のうちにまどろんでいる潜在的な能力、未来構想力や創造力及び道徳的エネルギーを呼び起こし、それを目的に向けて賢明に使っていく方法を学習することが必要になってくる。つまり、「人類の消滅か生存か」が深刻に問いかけられ、予想だにされない複雑な未来社会の中で全人類が幸福に生き得るためには、「学習」がその基本的条件とされているのである。ここに、教育の必要性と重要性が新たな意味づけにおいて論じられなければならない所以がある。

ここで言われている「学習とは、知識と人生、その両者への接近を意味し、人間が主導権を握ることを重視」するものであるが、それは、当然、従来の学校教育万能主義におけるものではなく、学校以外のより柔軟性をもつものとして捉えられているのであり、しかも、「生涯教育の構想」が実現され、だれもが、いつでも、どこでも、必要に応じて学習し続ける場と機会が提供されている「学習社会」の実現を志向して考えられなければならないのである。

この『限界なき学習』でも、学校は、当然、「学習の質を高める基本的な方法であり、正規の手段」として重視され、その在り方についての若干の示唆も与えられているのであるが、われわれは、このような生涯教育構想のもとに、いわゆる垂直的次元（各年齢段階における発達的特質）と水平的次元（家庭・学校・地域社会・社会教育施設等の教育機能）との両面にわたる統合の観点から、学校教育の独自な役割を明確にしていかなければならない。古い学校教育観の枠にとらわれていては、未来社会を創造的に開拓し得る人間を育成することができないのである。

学校教育の目的・内容・方法の全般にわたっても、戦後教育の反省とこれからの人類社会の方向の探究の上に、その本質的な在り方が求められている。わたくしは、とりあえず次の三点を、これからの学校教育の指標ないし努力点とすべきであると考えている。

㈠ 自己規制力の育成

イギリスのゲイバー（D. Gaber）は、その著『未来を発明する』（一九六二年）のなかで、「人間はこれまで自然と戦ってきたわけであるが、これからは人間自身の性質と戦うことであろう」と述べている。これが技術的革新を促進してきたチャンピオンである電子工学者の言葉であるだけに、一層の重みを感じさせられずにはいられない。ここで言う「人間自身の性質との戦い」とは、とりもなおさず「人間の自己自身との戦い」であって、まさしく自己の内なる良心による自己規制であると言ってよい。

かつてルソー（J.J.Rousseau, 1712—1778）は、その著『エミール』（一七六二年）の冒頭で「造物主の手を出るときは、すべての物は善であるが、人間の手に移されると、すべての物が悪くなってしまう」と述べ、人間の生善に対する絶対的に信頼のもとに、人間がなるべく手を加えないで、児童を自然のままに自由に成長させ、自然の発達に即して彼自身に学ばせることを教育の原則にすることを強調した。しかし児童は、いや人間自体が、果たしてそのような善なる本性のみの持ち主であろうか。グァルディーニ（R.Guardini, 1885—1968）がその著『近代の終末』（一九五〇年）において、「人間精神は、善をなすことも悪をなすことも自由である。……人間は自由であるから、彼は力を思いのままに用いることができる。しかもそれこそ、まさしくその力が狂った方向に、悪の方向か破壊の方向か、ともあれ狂った方向に用いられる可能性を孕んでいる。……自由な決断が正しい方向に投ぜられる保証は何もない」と言っているように、人間の内には善なる本性とともに悪にも向かい得る本性があり、人間の自由も理性も絶対的なものとは言えないものなのである。

しかし近代の教育学は、このルソーの楽観主義的な児童観をその基礎としてきたし、環境決定論を説くマルクス主義的教育観もまた、人間の本性を善と見なす点においては同じと言えよう。特に戦後日本における教育は余りにも楽観的過ぎる自由教育思想を盲信し、児童・生徒の自主性・自発性の尊重という美名に隠れた放任主義を、いかにも進歩的であるかのように考えてきはしなかったであろうか。そこでは、児童・生徒の自由な要求を認めておきさえすれば、それが自ずと自主性を育てるとされ、彼らに抵抗を与え、障害を乗り越えさせることを忘れていた。享楽主義的・刹那主義的な時代の傾向が、さらにそれに輪をかけた。そと目には自主的に思われながら、その実、意志薄弱でひ弱な抵抗力・克服力のない子供が育ったことは、当然と言えよう。彼らは厳しい現実に面して、あえなく挫折せざるを得なかったのである。青少年非行の激増も、決してこれと無関係ではなかろう。

滋賀県の戦後教育史を繙く時、占領下とはいえ、余りにも楽観的に過ぎる教育が強い力となっていたことに驚かされる（参照：『滋賀県史』昭和編、第六巻、昭和六〇年刊。拙稿、二六八～二七一頁）。軍政部の強力な指導もあったし、また、戦前の軍国主義的・権威主義的な教育に対するアンティテーゼもあったことであろう。しかし、この後遺症が今日にあってもまだ尾を曳いているのではないかと思われる向きがないとは言えないように思われる。

今日の子供が、人類の危機を克服し、幸福な未来社会を形成し得る人間となるためには、その時その場で面白いとか、快適であるとか、便利だからというような一時的・周辺的な欲求を抑制し、人類にとって最も中心的・本質的に価値や目標を常に自己の良心によって吟味し確認しながら、自覚的・自律的・形成的に自己の世界を構築していくことのできる自己規制力を身に付けていくことは何としても必要であり、このためには先ず、これからの教育は、「爆発的な衝動に耐えられるほど十分に強い防波堤を作る」（ボルノー）こととともに、自己規制力の育成を、その中心にしなければならないのである。これからの教育において、道徳教育及び宗教的情操の涵養が重視されるべき所以である。

(二) 創造的知性の育成

すでに見たように人類の危機を克服するための方途を求め続けて来たローマ・クラブによる研究の帰結は、人間の学習能力の形成であった。もとよりここで言う「学習」とは、単に学校教育と言う狭義で使われているのではなく、いわゆる生涯教育的観点から考えられているのであるが、学校教育は当然

「学習の質を高める基本的な方法であり、正規の手段」として、その基礎に培う学習の在り方を求めなければならない。「自己教育力の育成」が強調される所以でもある。

学校とは、本来、知育を中核とする全人形成の場であると言わなければならないのであるが、ここで言われる知育とは、とかく誤解されがちであるような、知識・技能の単なる注入や機械的暗記を意味しない。木村素衛もその著『形成的自覚』（弘文堂、一九四二年）の中で言っている。「知識そのものをではなく、特に知育を問題とするということは、知識を一つの客観的事実として単独にではなく、却ってこれを産み出した主体およびこれを受け取る主体との連関において、即ち知識を生きた主体との結びつきにおいて考察するということと離れないのでなければならない」と。知識は生ける人間の生活の中から生まれ、思考され、純化されたものであるとはいえ、その抽象性、法則性、概念性は免れない。したがって、これがそのまま教え込まれ、暗記されたのでは、真に身に付かず、死物に留まる。知識を産み出した科学者にせよ、これを学び取る児童・生徒にせよ、また、両者の仲介をする教師にせよ、全我的な人格体である。したがって、客観的事物として単独に存在する知識を、生ける人格体の所産として捉え、それに還元することによって、知識が全人間性の諸力や五感の働きに支えられ、具体的意味内容を伴って理解され、価値方向をもって生きて働く力とならなければ、知育とは言い得ない。この意味において「知識を産み出して主体とこれを受け取る主体との連関」が肝要とされているのである。知識が、このように、感覚、感情、衝動、意志などとの連関を含み、全体的な人間の作用となるとき、それがはじめて「知性」と言うことができる。知識は知性にまで高められなければならないのである。

知識が生きて働くためには、その単なる習得ではなく、その知識で状況の変化に即して自らが修正し高めていくという、発展的・創造的・力動的な能力が発展されなければならない。とりわけ、今日のような複雑で激しく変動し続ける社会、しかも情報化社会と言われる程、豊富で高度な情報に取り巻かれ、それの処理能力が強く要請される社会の中で、人間として主体的に生き抜くためには、複雑な時代や社会の状況を的確に把握し、解決し、更に新しい時代に相応しいものを創造し得る「考える手・判断する目」（シュプランガー）をもつことが肝要なのであり、これを「創造的知性」と称すれば、創造的知性の育成こそ、二一世紀への教育の中心課題とならなければならない。この創造的知性に裏付けされなかったならば、前述の自己規制力も本物とはなり得ないのである。

今日、巷では「知育偏重」という声が高いのであるが、受験に強くなるためだけの勉強は、真の知育とは言えない。それは知育とは似て非なるものである。われわれは知育偏重という巷の批判によって知育軽視に陥るようなことになってはならない。体験に培うことにもより配慮しながら、真の知育の在り方を究明していかなければならないのである（参照：拙編『現代教育学』東信堂、昭和六一年刊）。

㈢ 国際的連帯と国民的自覚への教育

交通や通信の発展によって、国際間の時間的距離は極めて短くなり交流も盛んである。政治・経済はもとより、衣・食・住のすべてにわたって、国際化は著しい。とりわけ既に述べたように、環境汚染・資源の枯渇・公害・人口問題・食糧危機・核戦争等、今日、全地球的規模での人類破滅に関わる難問が大きく取り上げられているのであるが、これらのすべては、全地球的な規模の計画と協働において解決されなければならないのである。このことを、わたくしは、昭和四四年から四五年にかけて約一〇ヵ月にわたる文部省在外研究員としてのドイツ生活と、昭和四九年の総理府日本青年海外派遣団アフリカ班団長として、約一ヵ月の東アフリカ諸国訪問によって、より痛感したのであるが、このことについては、ここで述べるいとまはない。ローマ・クラブ・レポートも、「地球社会への途」を提案しているのである。人類の危機を回避し、福祉と平和の世界を築き上げるためには、国際的連帯ないし国際的相互支援関係の樹立が何としても肝要なのであり、この意味において、国際的連帯への教育、国際化社会への教育は、われわれにとって大きな課題となる。

しかしこのことは、国民性の放棄を意味しない。いずれの民族や国民も、幾先年もの歴史と伝統の中で生まれ、そこに沈殿し、形成されて来たいわば客観的精神を、まるで雰囲気のように吸って育っている。そうして無意識のうちに、この客観的精神によって形成されているのである。もちろんそこには、プラス面もあればマイナス面もあろう。しかし、たとえそれに嫌悪感を抱いているとしても、その作用からは免れることができず、何時の間にかそれが自己の内に血肉化されている。そのことについても、わたくしは、僅かな海外生活の中で、いやほど痛感せざるを得なかったのである（参照：拙著『教育の実践原理』ミネルヴァ書房、昭和四九年　付論「ドイツ便り」。総理府青少年対策本部『昭和49年度日本青年海外派遣団報告書』（長期第16回）「アフリカ班」）。

この「国民性」を考えない安易な国際主義は、極めて抽象的な観念でしかなかろう。国際化の世界であるからこそ、却って世界関係の中で日本の置かれている位置と問題点、その在るべき姿を求め、そこで日本人の国民的特質を生かして、世界の福祉に寄与することが同時に日本の問題解決と発展をもたらしていくことのできるような方途を真剣に講じることが、われわれに強く要請されていると言わなければならない。ここに世界に開かれた国民的自覚が問題となってくる。したがって、今こそ一度、日本を見直し、その基盤となっている「日本の心」を求め、育てていかなければならないのである。その「日本の心」とは何か。それは安易に結論を求めるよりも、国民全体がこれを探り出し、合意し合っていくことが肝要なのであろう。

「日本の心」の探究は、その最も基盤となる「ふるさとの心」に向かうことであろう。ここで言う「ふるさと」とは、必ずしも「生まれ故郷」を意味しない。このことについては、拙論「日本の愛郷心」

（文部省小学校課・幼稚園教育課編集『初等教育資料』四一二号。昭和五六年八月）に述べているので詳述はしないが、「ふるさと」とは、「肉体的にも精神的にも自己自身と緊密に結ばれている生活の中心ないし基盤」を意味する。したがって、生まれたところであろうが、転居したところであろうが、農山村部であろうが都市部であろうが、自分がそこに愛着を感じ、そこにいると安らぎ、寛ぎ、落ち着き、自己自身に立ち帰ることのできる生活の根拠地、それが「ふるさと」なのである。

しかし、社会の急激な変化は、人間の連帯感情を希薄なものとし、人びとの郷土感情を喪失させてしまっている。地域住民の共同活動と相互作用のないところには、人びとの間に共通感情は生み出されて来ない。郷土感情のない人間は、根なし草のように不安定たるを免れない。新しいふるさとの創造、それも、世界に開かれたふるさとの創造は、この複雑な社会の中で主体的に生き得るための重要な条件であると言わなければならない。このためにも、学校は、この郷土の創造に資すると共に郷土社会を基盤として郷土社会に開かれた教育の在り方を講じることが必要となってくる。地域社会の教材化にも努めるべきであろう。そうして、郷土から世界を眺め、世界から郷土を見つめ眼を子供に育てていくことが、何としてもなされなければならないのである。

（滋賀県小学校長会『35周年記念誌』昭和六一年三月。特別寄稿）

新たな価値と文化の創造を
――青少年の純潔と自由に望む――

近年の、機械技術の発達による生産力の向上、実質国民所得の増加、さらには人間性の自覚に基づく社会民主化の傾向によって、今後、労働時間がますます短縮され、余暇が増大することは、何人も否定し得ないであろう。しかし、余暇とは「何をしてもよい時間」であるが、また同時に、「何もしなくてもよい時間」でもある。したがって、個々の人間が、その時間に自ら内容を与え、自らそれを支えていなければ、「何をしたらよいのか分からない時間」となり、余暇は、結局、退屈と倦怠に流される時間とならざるを得ない。それは必然的に「生き甲斐」の喪失に導く。今後の人間にとって、余暇をどのように過ごすかが、重大な問題となってくる所以である。一方、近代社会の複雑な歩みは、人間性の喪失をもたらしている。われわれは、この増大する余暇を生産的に善用して、失われた人間性を回復し、生きる喜びと未来を創造する生命エネルギーを獲得し得る方途を講じなければならないのである。

しかしながら、今日の青少年がこの余暇を有効に過ごしていないことは、総理府による調査などからも明らかであり、これをそのまま放置しておくことには、大きな問題があろう。とりわけ最近急激に起こって来た資源不足による社会情勢の深刻化とともに、それが青少年の生き甲斐の喪失に一層拍車をかけるであろうことが、懸念されるのである。

一

今日の社会はますます複雑となり、その要求がわれわれにますます多くの障害や抵抗物を作り上げて行く。まるで機械の補助具となり下がった単調な労働の繰返し、たましいの失せた官僚的機構、汚濁と騒音、交通地獄、不良文化財、公害……等々。まさしく西独の教育学者ドレックスラー（J.Drechsler）も言っているように、「現実はまさしく抵抗として立ち向かって来る」のである。われわれはこの「抵抗」に打ち克ち、あくまで人間として主体的、能動的に生き抜かなければならないが、そのためには、他方、温かい「愛情」によって「抱擁」されている場を必要とする。内に温かいラポール（心のつながり）のある人間関係や生活の場がないとすれば、人間は内的な安らぎがないし、不安定たるを免れず、時代の流れに無抵抗に押し流される他ないからである。このような場を、わたくしは「ふるさと」と呼びたい。それは、単に生まれ故郷を意味しない。むしろ、肉体的にもたましい的にも自己自身と結びついた生活の中心ないし基盤なのである。このような意味でのふるさとを、現代人、とりわけ青少年が見出し、あるいは作り上げることが、現代に生き抜くために必要とされるのである。

にもかかわらず、現代人は、ふるさとを喪失してしまっている。生活の基盤や中心を持たず、孤独にある人間は、それだけでもすでに病いと言ってよい。郷土愛の喪失は、人間として生きる基盤を失った不安定な感情へと導かざるを得ない。われわれは、新しいふるさとの創造にもっと積極的に取り組む必要を感じるのである。

また、今日の労働の過程、生産の過程はますます機械化され、分業化されて、単調なものとなっていく。そこでは既に精神と肉体とは分離してしまっている。もはや自由な自己実現、自己表現に生きる場は、極めて狭められていると言ってよい。増大した余暇を善用して、現代人を受身的な存在から、自発的、積極的、能動的、創造的な存在へと帰し、分離した精神と肉体とに、もう一度、調和の可能性を与える道が講じられなければならない。

他方、現代家庭は余りにも「労働に無縁」であり、生活環境においても「自然とは疎遠」である。これが今日、人間、とりわけ青少年の性格に大きな問題を投げかけていることについては、述べる必要がなかろう。動植物の飼育栽培と手工的労作とは、まさしく精神生活の源泉がそれと緊密に結ばれた人間性の二つの根源活動である。このような根源活動に即した人間の基本的な諸力の獲得なしには、いかなる知識も技術も死物に留まり、近代文明を正しく操舵し得るものとはならないであろう。自ら苦労して育て上げ、あるいは作り上げ、完成する喜びの中で、生の充実感がもたらされるし、物を大切にする気持ちも湧き起こし、生への畏敬の念も体得されるであろう。

アメリカの犯罪学者グルック（S.Glueck）が、家庭の愛情喪失とともに、「今日の少年たちは、ふところ手をしていても、何でもほしい物が出来上がった物として与えられるので、ほとんど努力する必要がない。そこで、ある意味において、人生に退屈するところにも、非行化の原因がある」と述べていることに注目する必要があろう。

このような意味から、現代人が、大自然のふところに抱かれ、そこで人間の根源的、有機的、全体的生活を体験しようとする各種の企てが今日なされつつあることは、極めて正しいと言わなければならない。

二

ここで想起されるのは、一九世紀末から二〇世紀初頭にかけてドイツに起こり、全世界に風靡したワンダーフォーゲル（Wandervogel）の運動である。

それは、カール・フィシャー（Karl Fischer）を中心とするシュテーグリッツ・ギムナジウムの学生たちの自主的な集いから始まった。彼らは、自ら自律の道を求め、同志が合い集い、質朴に生き、自発的に禁酒禁煙して、異性間の純潔を守りながら、ドイツ民謡を歌い、楽器を弾じ、民俗舞踊を演じながら、森林山野を跋渉し、自由に世界を歴遊することによって、大自然のふところに抱かれ、かつ、彼ら独自の生の様式を味得しようとしたのである。

それは、彼らが古い世代の束縛と支配、ひからびて非人間的なものとなった既成文化から離れ、青年の純潔と自由とをもって、青年特有の新たなる価値と文化とを創造しようとしたものであると言ってよい。そうして、自我意識と共に社会意識も急速に拡大する時期にある彼らは、この集団における活動の中で、その活動と共に、自己自身の独自な生存のために、一つの生活空間を獲得し、全民族共同体の価値ある一員となろうとしたのである。彼らのこの運動が、当時のたましいの失せた既成文化を、「内部から若返り」させる結果を生じたことは、教育史の示すところである。

ドイツ・アルテナの一小学校教師リヒアルト・シルマン（Richard Schillmann）が、一九一〇年に、休暇中、自分の学校を開放して、学生たちの宿泊所にしたことから始まったと言われるユース・ホステルの活動も、まさしく、このワンダーフォーゲルの運動に応えるものと言えるだろう。

三

野外活動、ユースホステル活動の今日的意義は、すでに明白である。しかしこれが、本来感受性に富み、夢を追い、理想を求め、エネルギッシュな行動力をもつ青年によって、組織的、計画的に、集団活動の形で行われるだけに、その価値はことさらに高い。

こうした共同の生活と活動の中でこそ、失われつつある人間同士の心のつながりが回復され、自主と協同・責任、自由と規律と言った民主主義のモラルが、強い意志力と共に体得される。人間の全体的な力が、調和的・統一的に陶冶される。更に、大自然の中で自ずと育まれた郷土愛、民族愛の精神は、人種、宗教、階級、男女の別を問わないと言う、ユースホステルの組織のもつ国際的性格に媒介されて、真の人類愛へと発展するであろう。

今日の青少年が、余暇を善用して、ユースホステル活動を中心とした野外活動を積極的に営む方途を講ずる必要性を強調すると共に、お決まりのお上りコースを引っ張り回す学校の修学旅行も、こうしたユースホステル活動的なものへと脱皮すべきであると念ずるものである。この意味において、滋賀県で県内小学校五年生全児童を対象として実施している学習船「うみの子」での「フローティングスクール」や、大津市が葛川少年自然の家で小学校四年生及び中学校一年生に対して実施している「ふるさと体験学習」等の果たす意義は大きく、さらなる充実が望まれるのである。

（『滋賀県ユースホステル20周年年史』滋賀県ユースホステル協会、昭和五一年一一月。特別寄稿文に一部補筆）

〔補遺〕

現在、財団法人大津市公園緑地協会理事　辻徹男氏（前大津市国際観光部長、滋賀大学卒）が中心となって、NPO法人「比良比叡自然学校」が計画されており、そこでは青少年の健全育成を目指し、万葉の昔から歌い継がれてきた比良山、比叡山の豊かな自然の中で青少年が遊び、学び、感動する自然体験を柱にした環境教育事業を展開するとともに、この山地を訪れる人々に貴重な自然と歴史・文化、そして多彩な地域の人材を活用しながら、自然体験型の観光サービスを提供することによって、びわ湖の観光振興に資することが図られている。開校予定は本年三月であるが、その活躍が期待される。

心の中に平和の砦を

――平和教育の課題と方法――

はじめに

一九七〇年五月八日、わたくしはハンブルク大学の近くにあるレストランで、ドイツ、韓国、日本の友人と昼食を共にした。その日は、言うまでもなく、ドイツの敗戦記念日である。あるドイツの友人は、「二五年間、戦争がなかったと言うような時代は、歴史上、初めてでしょうね。人びとはその歓びで一杯ですよ」と語ったのであるが、それをきっかけとして会話がはずんでいった。彼らは更に、「とは言うものの、一九六一年八月一三日の早朝に、突如として東西を遮られたベルリンの壁、延々と国境に張り巡らされた鉄条網、その奥に敷設された地雷、至る所から眼を光らせている監視塔。わたしたちはそれと常に対峙しながら生活しているのです。そうして、もし戦争が起きたなら、肉親同士が殺し合わなければなりません。わたしたちは東西ドイツの統一を悲願としています。しかし、その手立てを見つけることができないのです。滅多にそのようなことはあり得ませんが、万一ソ連が東西ドイツの統一を認めたとしても、果たして英仏がどのような態度を取るでしょうか。そのように思いますと……」と顔を曇らす。「しかし、ドイツではまだ手紙が出せるでしょう。わたしの国では駄目なのです。韓国からの留学生には、北の親戚の消息は知りたくはないか、手紙を出したくはないかと、よく誘いがあるようです。承諾しますと、いつ、どこへ来いということになり、そこから姿を消してしまうとも聞いています」とは、韓国の教授。「日本は原子爆弾を落とされたことによって、すべてが帳消しになったようですが、わたしたちはアウシュヴィッツの罪科を永遠の十字架として背負っていかなければなりません。あの事柄は国民の知らない中で行われたものとしても、弁明のしようはありません。しかし、当時はユダヤ人殺しに喜んでいた欧米人もいたようですが、それは一切不問に付せられています」とは、ドイツの教授。ナチスに追われたユダヤ人たちが救済を懇請しても、アメリカも、イギリスも、ソヴィエトも、全然それに応えようとしなかったばかりか死に追いやってしまったことについては、八木あき子『五千万人のヒトラーがいた！』（文芸春秋社、一九八三年）に詳しい。ともあれ戦争とは、所詮、そのようなものなのである。

極めて軽微ではあったとしても、原子爆弾の体験者としてのわたくしには、この日の会話は胸に染み付いている。そして、「日本は原爆によってすべてが帳消しになってよかったですね」との言葉とともに、帳消しになってはいけないのである。だからこそ、一切の戦争を悪とし、政治、宗教、イデオロギーの対立を超えた人類の永遠の平和を築くために努力しなければならないのである。ユネスコ憲章は謳っている。

戦争は人間の心の中から始まるものであるから、人間の心の中に平和の砦を築き上げなければならない。

「人間の心の中に平和の砦を築き上げること」――これはまさしく教育の問題であり、これからの教育の中で最重要課題とならなければならないと考えたい。

このためには、特に何が必要なのか。そして、どのようにして心の中に平和の砦を築き上げていったらよいのか。わたくしはここで、生命に対する畏敬の念を培うこと、自己規制力を育成すること、国際的相互支援関係を樹立することの三つを挙げ、そのための方法を若干示唆したい。

(一) 生命に対する畏敬の念を培う

戦争は、言うまでもなく、人間の生命を奪う。何と言っても、先ず、自他の生命の尊さを教育の基礎として培うことが必要である。

周知の如く、シュヴァイツァー（A. Schweitzer, 1875―1965）は、一九一五年九月、当時のフランス領コンゴのランパレーネで、原住民への医療と伝導に専念していた時に、「生命に対する畏敬」という思念が、天啓のようにひらめいたと言う。彼によれば、「従来の倫理説が不完全であるのは、それが人間と人間の関係だけを問題にして満足しているからである。人間の生命も動物の生命も、共に同じく神聖なものであると感じた時、人間は真に倫理的であると言える」のであり、「動物は人間の役に立つために神がお造り下さった」と言う支配的観念に対し、「われは、生きんとする生命に取り囲まれた、生きんとする生命である」ことに目覚め、生きとし生けるものへの共感・共鳴を前提として人生を考えたのである（氷上英廣訳『文化と倫理』『シュヴァイツァー著作集』第七巻、白水社）。

しかし、そのような考え方は、日本人固有のものではなかったろうか。今からちょうど一二〇〇年前に比叡山に籠り、日本仏教の基礎を築いた伝教大師最澄（七六七―八二二）の信念となっていたのは、実に、「一切衆生悉有仏性」あるいは「山川草木悉皆成仏」の考えであった。そこでは、人間だけではなく、禽獣草木に至るまでのあらゆるものに仏性が認められている（参照：山田恵諦『道心は国の宝』佼成出版社）。そうして、あらゆるものに神性や仏性があるという心性は、今日にあっても、たとえば山を祖霊の宿る神聖な場と見なし、土地を拓き家屋を建てる際にも地鎮祭を行うことに端的に示されていると言ってよい。

とはいえ、人間が生存するためには、この「生きんとする生命」である動植物を殺傷し、また、樹木を伐採して家屋を建て家具等を造り、更に住居や学校や工場や病院を建築するために、緑の山野にブルトーザーを入れなければならない。このことを深く考えると、わたくしたちは、人間存在が彼らを犠牲にしなければ生きられないという宿命に対して痛みを感じざるを得ない。食前食後にも、両手を合わせ、感謝の祈りを捧げるのである。さて、『法句経』にも「人として生を受けることは難しく、今命あるは有難し」とあるように、人間として生まれること自体が大変なことと言える。しかも、われわれ人間には、皆、両親がある。その両親にもまた、それぞれに両親がいた。その祖父母にもまた……。そして、それらの祖先たちは、それぞれの歴史的社会の中で、某かの役割を果たしてきたのである。このように考えると、われわれ人間は、皆、何十代、何百代にもわたる祖先の血と思いや願いを受け継ぎながら、掛け替えのない「いのち」を与えられて、この世に生を享けたと言わざるを得ない。それだけに、人間は誰しも、どこでどのように生まれたとしても、この世で果たすべき夫々独自な意味や価値を与えられている。これは、人間の力を超えたもののなせる業《わざ》という他ない。人間は皆、この目に見えない何ものか、普遍者としての大生命、宇宙の根源とも言うべきものと結ばれている。そうして、この根源的なものを媒介として、すべての人間が結ばれていると言うことができる。この人間の力を超えた宇宙の根源的なものの存在に気付き、それに対する畏敬の念をもつ時、それと結ばれたすべての人間をも聖なるものと感じ、相互に尊敬し合うことになるのであろう。

このように考えると、「生命に対する畏敬の念」は、「生きとし生けるもの」に対するいたわりや思いやりや尊重の念として、自他の人格や人権、人類愛、超越的なものへの畏敬にとって基盤となるべきであろう。当然、ここから平和愛も生まれて来る。

上述したような「生きとし生けるもの」に対する日本人古来の心は、今日の物質文明の世相の中で、とかく見忘れがちとなっていたのではなかろうか。だから、自然は無残に破壊され、物は粗末に扱われ、人命が軽視されることとなる。少年非行やいじめ、自殺の激増も、これと無関係ではないであろう。「生命に対する畏敬の念」を培うことなしには、人間の心の中に平和の砦を築き上げることは、とうていなされ得ないのである。それでは、これをどのように育てていったらいいのであろうか。

(1) 体験に培う

もちろん、生命を大切にするということは、戦後の教育の中で叫ばれ続けて来た。ところが実際には、親を殴る、教師を殴る、友だちをいじめる、自分に不要な人を殺す、自殺する等という問題が起こっている。これは、言葉としては教えられていても、本当に自分自身のものとはならず、しかも、上述したような深い意味にまで至っていなかったことにも原因がありはしないだろうか。これを具体的なものとして子供の身に付けさせるためには、子供たちにもっと体験の世界を開いてやることが肝要であろう。言葉や概念と言うものは、人間の全身の力と五感の働きに支えられてこそ、真に理解され、生きたものとなり得るからである。

例えば、幼児から自然に親しみ、優しい心で動植物に接することから始め、飼育栽培を行っていく。

あるいは、素朴な材料を自らが調え、設計し、組立て、完成していく。このように、自らが育て、あるいは作り上げたものに対しては、子供はそれらにも「いのち」があることを知り、大切にしていくことであろう。

(2) 価値感情を育てる

このような体験を基盤にして、昔のお伽話や昆虫記等を通して、より深めていくことが大切である。また、自分の生誕や生育の過程、その中での病気や怪我の際の親の心配や懸命な看護等を知ることから、自分の「いのちの尊さ」に気付くであろうし、更に友だちや知人・近親者等の病気や死への直面等から、自他のいのちに対するいたわりや思いやり、尊さを知り、慈しみの心をもつことであろう。やがてそれが、夫々のいのちの掛け替えなさを自覚し、生きとし生けるものに対する畏敬の念として発展していくのである。

この意味において、親や教師による説話や読書は意義が高い。子供は自分が主人公になって、物語の中に入り込む。その物語の中には、親や教師の願い、社会の願いというものが秘められている。それがいつの間にか子供に生きる典型となって、価値感情を養っていくのである。

また、家庭では祖父母や両親の戦争体験を積極的に子供に語ってほしいし、学校でも戦争体験記や戦争の悲惨さや非人間性を描いた物語等を読ませるようにしたい。そうして、「いのちが大切だ」、さらに

「そのいのちを破壊する戦争は反対だ」ということを、子供の内面に培い、それを良心にまで高めていくのである。

もちろん、「生命に対する畏敬の念」を育む場と機会は、生活のあらゆるところにある。また、各教科等や特別活動の中にもある。国語科の教材、理科における観察、家庭科における育児や出産、体育における保健衛生等、夫々の教科の特性に応じて「生命に対する畏敬の念」を培い、あるいは学級活動や特別活動の中での体験とそれに基づく教師の助言指導、更には、それらを補充・深化・統合する「道徳」の中で内面に根ざしたものとして指導されなければならない。社会科では、それ以上に、生命に対する畏敬とともに直接戦争と平和に関わる素材が多い。教育の中立性を十分に考慮した指導が効果的になされるべきである。

㈡ 自己規制力を育成する

現代は科学技術の進歩によって、生活面での便利さや快適さを無限に増大させたのであるが、反面、自然破壊、公害、人間性の喪失等、人類の死活に関わる様々な問題が全地球的規模でもたらしている。

その大きな一つが戦争であり、人間の悟性の結晶とも言うべき科学技術によって武器を生産して、互いに人々を殺し合っているのである。

イギリスの電子工学者ゲイバー（D.Gaber）は、その著『未来を発明する』（一九六三）の中で、「人類はこれまで自然と戦ってきた訳であるが、これからは人間自身の性質と戦うことであろう」と述べている。ここで言う「人間自身の性質との戦い」とはまさしく「人間の自己自身との戦い」であり、自己の内なる良心による自己規制を意味すると言えよう。

グァルディーニ（R.Guardini、1885―1968）もまた、「人間精神は、善をなすことも悪をなすことも自由である。……人間は自由であるから、彼は権力を思いのままに用いることができる。しかしこれこそ、まさしく権力が狂った方向に、悪の方向か破壊の方向か、ともあれ狂った方向に用いられる可能性を孕んでいる。……自由な決断が正しい方向に投ぜられる保証が何もない」と言っているように、人間の自由は、善にも悪にも向かうものであり、絶対的なものではない。人間がこのことを忘れ、無限の進歩の思想にとりつかれ、自然に対するあくなき戦いを続けて来たことが、戦争を始めとする今日の人類の危機を招いた原因であると言ってよい。

したがって、この危機を克服するためには、人間が「善」に反抗し「悪」に向かう本能を克服する力、つまり自己規制力をもつことが何としても肝要である。ゲイバーが「人間自身の性質との戦い」を強調するのも、この意味においてであり、グァルディーニもまた、「人間は自己と諦念を通して自己自身の主人公となること、それにより自己のもつ権力の主人公となることを学ばなければならない」と述べ、「禁欲」のもつ人間的な、また、現代的な意味の再確認を訴えるのである。もちろん、彼の言う禁欲とは、消極的な古い禁欲主義のそれではない。人間自身の意図的自覚に基づく「抑制的調整作用」と言ってよい。つまり、その時その場で面白いとか、快適だから、便利だからと言うような、一時的・周辺的な欲求を抑制し、人類にとって最も中心的・本質的な価値や目標を、常に自己の良心によって吟味し確認しながら、自覚的・自律的・形成的に自己の世界を構築していくことのできる自己規制力をもつことなのである。この自己規制力をもつことなしには、闘争本能を自制することもできず、心の中に平和の砦を築き上げたものとはなり得ないのである。

かつて戦争は、国際紛争の解決手段と見なされて来た。この意味において、クラウゼヴィッツ(K.V.Clausewitz, 1870―1931)は、その著『戦争論』(一八三二)の中で、「戦争とは手段を変えて行うところの政治の継続に他ならない。……戦争とはただ一個の政治的行動であるばかりでなく、真の政治的機能であり、政治的交渉の継続であり、手段を変えて行うところの交渉の遂行である」と言ったのである。しかし、近代兵器、とりわけ核兵器の出現によって、人類の絶滅さえ予想される今日にあって、戦争による紛争の解決は絶対に許され得ない。自国の立場を堂々と主張し、国際的な世論等を下に、根気強く和解と協調を図っていく他ない。ここにも、自己規制力が求められる。ソ連がキューバにミサイル基地を作ろうとした時にケネディ大統領が行った決断は、まさにこの自己規制力のなさしめるものであると言えよう（『人類危機の一三日間』岩波新書）。

これからの教育は、「爆発的な衝動に耐えられるほど十分に強い防波堤」（ボルノー）を子供の内に築かなければならないのであるが、これも子供が何らかの目標に向かって専心し、集中し、没頭する中で、親と教師が叱咤鼓舞激励しながら、それを達成し、成功感、成就感をもつことから始めていきたい。それを徐々に拡大し、社会に、さらに国際社会における理性的判断に基づく自己規制力へと発展させていくのである。

㈢ 国際的相互支援関係を樹立する

国際化の波は滔々としてわたくしたちの日常生活の中に押し寄せつつある。これからの日本人にとって世界の諸民族・諸国民についての理解を深め、広い国際的感覚と視野をもって行為する力を養うことが、極めて肝要なことは、言うまでもない。しかもそれは、単に国際理解に留まるものではない。食糧問題・資源問題・公害問題・人口問題・経済摩擦等は、かつてのように戦争によって解決するものではなく、国際的な相互支援関係を樹立することによって平和的に解決されなければならないと考えると、抜本的な在り方が求められなければならない。

世界的には多くの国家があり、多くの民族がいる。それらは独特な風土や気候の中で夫々の生活や習慣や文化を作り上げ、独自の歴史の中に生き続けている。国益も相異なる。それだけに国際交流が進めば進む程、異国間の文化摩擦や政治・経済面における対立が多くなることは予想できる。国際化時代とは、ある意味において、国際的緊張の時代と言えるかもしれない。この中で理解と協調を図りながら、自国の在り方を求めていくことが求められているのである。

外遊の機会も多く、各国に知己をもち、昨年行われた比叡山宗教サミットでも中心的役割を果たされたある高僧が、アメリカを訪問された時、ある要人に「わたしはコスモポリタンですから」と言われたところ、その要人は「わたしはコスモポリタンと話したくはありません」と答えたと言う。この場合、ユニヴァーサルと言うべきであったようであるが、それはともかくとして、あのアメリカで「無国籍者とは話したくない」と言う意味のことを言われたことは、それこそ国際感覚に欠ける日本人にとって傾聴すべきであろう。日本独自の風土の中で、幾千年にもわたる伝統の中で育って来たわたくしたちは、いや応なしにその影響を受けており、たとえそれに嫌悪感を抱いていたとしても、そこから逃れることができない。もちろん、それにはプラスもマイナスもある。マイナス面は除去しなければならないとしても、プラス面は大いに助長することが必要であり、このすぐれた日本的なものが世界の中でいかに貢献すべきかを考えるべきであろう。国際社会の中で主体的に活躍するためには、自己がしかとそこに根づく基盤が必要である。その基盤なしには根なし草となり、流れに浮動するばかりであろう。先のアメリカの要人は、コスモポリタンにはその基盤がないと見ているのであろう。

この意味において、わたくしたちは、我が国を、そして、最も身近で具体的な基盤である我が郷土——それは必ずしも生まれ故郷ではない。肉体的にも精神的にも自己と緊密に結ばれた生活の基盤ないし中心を意味する——を見つめ直したい。自国を愛し、尊敬しない者は、他国を愛し、尊敬することはできない。互いに尊敬し合う中で夫々の特質を認め合い、相互理解と協調がなされ、やがて国際的相互支援関係が樹立されていくのである。

これからの教育は、郷土を基盤とし、郷土に開かれたものでなければならない。郷土から国を、さらに世界を眺め、また、その世界からまた国を、郷土を見直すことこそ肝要なのである。このための方法については、機を改めて論じたい。

（初出、「平和教育の課題と方法」滋賀大学教育学部平和教育研究会『平和教育の課題と方法に関する学際的研究』昭和六三年三月）

中学生に寄せる

(一) 中学生教育を考える

新入生合宿オリエンテーション。希望が丘公園を皆で歩いていた時に、次のような生徒の話し声を耳にしました。「公立高校に進むか私立高校に進むか悩んでいる。私立高校だとその上の大学にしか行けないかもしれないし、そうかと言って、公立高校からでは大学進学の際にしんどいし。……」

入学してまだ三日目の一年生。家でもそのようなことが話されているからでもありましょうが、すでに三年後のことが生徒たちの心配事になっているようです。

わたくしはこのような話し声を耳にし、何か可哀相になってきました。これでは中学校生活は灰色に終わってしまうかもしれませんし、たとえ有名進学高校に合格したとしても、将来、社会に出た時に立派にやっていくことができるだろうかと考えたからです。事実、今日の中・高校生に問題行動をもったり、非行に走ったりする生徒が少なくなくなり、また、せっかく高校に入学しておきながら、中途退学する者が多いのも、進学のことしか考えていないことが、その大きな原因の一つであると言えるでしょう。

ルソーはその著『エミール』の中で、「われわれはいわば二度生まれる。すなわち、一度は存在するためであり、一度は生きるためである。一度は種族（人間）として、一度は性として（すなわち男または女として）生まれる」と言っていますが、中学生期は、まさしくこの「第二の誕生」の時期に当たります。

身体的にも精神的にも最も成長し、人生の花盛りとも言うべき中学生期の発達の特徴について、ここで述べるいとまはありませんが、わたくしたちは、生徒の将来の幸福を願えば願うほど、その第二の誕生を愛情深く見守り、充実したものにしていきたいものです。

このためには、先ず、我が子の心の奥底に潜んでいるものを、十分に理解してやろうではありませんか。子供は自我に目覚め、自立への道を求め、親や学校からの保護や指導を離れ、自分たちの描く夢や理想を実現しようとしますが、彼らは身体的には大人に見えても、精神的にはまだまだ一人前ではありません。こちらでぶちあたり、あちらで行き詰まり、もだえ苦しみます。そのために、時には生意気な口を利いたり、反抗的な態度に出ることもありましょう。しかし、彼らは自分らの気持ちを理解してほしいと願い、信頼できる人からの指導を求めているのです。

この点を考え、自立への援助を行っていくことが大切です。いわば「手を出すな、しかし目をそらすな」です。そこではまず、ペスタロッチーのいわゆる「目と目、面と面、心と心」。つまり、何気ない仕草や態度から、子供の心の奥底にあるものを汲み取り、時には自分の生活経験を交えながら、共に悩み、共に考え合い、解決の方向を示すことが必要でしょう。その際、子供が厳しさをも求めていることも忘れてはなりません。

次に、自立への援助をと申しましたが、そのために、生活のリズムを整え、基本的な生活習慣の定着を図っていくことが大切です。特に遊ぶ時は遊ぶ、しかし、パッと切り替えて勉強に集中するというように、転換し得る力を育てたいものです。この力があれば、班活動か受験勉強か家などと悩む必要もないでしょう。班活動で心に溜まっていたものをも大いに発散させ、気分を切り替えて勉強したなら、たとえそれが僅かな時間であっても、却って効果が上がるでしょう。何をしているのかが分からないというのが、最も悪いのです。先生の指示・指導に従ってやるべきことをちゃんとやっておきさえすれば、学習塾等に行かなくても、希望の高校に合格できることは、本校の卒業生の多くが述懐しています。

知・徳・体の調和的統一を図ることこそ、今、肝要なのです。

（『湖光』滋賀大学教育学部附属中学校ＰＴＡ、第一六六号。平成二年七月）

(二) 希　望

卒業生の諸君。本日をもって義務教育の全課程を無事めでたく修了されたことになります。これまで慈しみお育てになって来られた保護者の方々のお慶びは、いかばかりかと存じます。心からお祝い申し上げます。

諸君らは人生の新たな段階、つまり後期中等教育に進まれるわけですが、そこでも本校で培われたことを十二分に発揮して頑張って頂くことを念じております。

諸君等は若く、その前途は洋々たるものがあります。社会から大きな期待が寄せられています。とはいえ、現実の社会は極めて厳しく、時には苦悩に充ち、打ちひしがれ、挫折しそうになることもあることでしょう。しかし、それを乗り越えてこそ、真の幸福が招来されるのです。

これからの長い人生の中で遭遇する苦難を和らげ、困難を克服するために、私は常に希望をもとうではないかと申し上げたく存じます。ゲーテも「人を励まし、慰める高貴な希望」と言っていますが、希望こそは、苦難に圧し潰されそうな時でも、人間に新たな勇気を与えるものと考えるからです。

私たちは、何か問題につき当たった時、とかく誰かを当てにし、その人が自分のためにやってくれるだろうと期待しがちです。しかし、それでは自分の行き先は閉ざされてしまいますし、その期待が裏切られた時には、失望し、その相手を激怒することにもなります。

希望とは、このような期待とは異なります。相手に期待するのではなく、むしろ自分に何が期待されているかを考え、それを拠り所として、開かれた、大いなる未来を目指して努力すること、これが希望であると思うのです。ここには、生存に対する信頼とこのように支えられていることに対する感謝の念が作用しています。どうぞ希望を持ち続けて下さい。

（『湖光』滋賀大学教育学部附属中学校ＰＴＡ。第一六五号、平成元年三月）

三　思いやり

義務教育の全課程を修了し、めでたく卒業されますこと、心からお祝い申し上げます。保護者の皆様方のお慶びもいかばかりかと存じております。

今日、湾岸戦争、バルト諸国問題等に端的に見られますように、世界は大きく複雑に揺れ動いています。この中で我が国がいかなる役割と責任を果たし、人類の福祉と安寧に寄与するかが厳しく問われていますが、それだけ二一世紀を背負って立つ諸君らに大きな期待が寄せられていると言わなければなりません。本校で培われたことを基盤として、夫々の道で自己の個性を生かし、この期待に応えて下さることを念願致しております。

先日ある席上で、青少年の国際交流に永年努力されて来た人から、「日本の国際化を阻んでいる最大の問題点は、エチケットやマナーの欠如にある」ということを聞きました。わたくしもこれまで数回、青少年海外派遣団の団長を務めたことから、全く同感の思いでした。

これからの国際社会に生きるためには、広い国際的視野をもち、日本人としての自覚の下に世界の諸民族・諸国家についての理解を深め、協調することができなければなりません。もとより外国語に堪能なことも必要です。しかしそれ以上に大切なのは、日常生活におけるエチケットやマナーであり、日本人のはしたない行動が外国人の大きな顰蹙を買っているのです。特に団体行動の際にそれが著しいとも言われています。

我が国は経済大国として大きな発展をしてきましたが、反面、失われたものも少なくありません。礼儀作法もその一つです。とは言っても、それはいわゆる裃《かみしも》を着た形式的なものではありません。真の国際人となり得るために、あらゆる人に思いやりの心をもち、日常生活の中で当たり前のことが当たり前にできるように努めましょう。

(『湖光』滋賀大学教育学部附属中学校PTA、第一六八号、平成三年三月)

㈣ 将来の生き方を考える

ご子弟のご卒業、おめでとうございます。本年度の卒業生も、この三年間、勉学に、スポーツに、また、文化・芸術に、実に多彩な、輝かしい活躍をしてくれました。卒業生諸君に対して深い敬意を表しますとともに、それらの活動に対して熱意溢れる指導を頂きました本校教職員諸兄姉に対して厚く御礼申し上げます。と同時に、本校の教育に対してご支援下さいましたご父兄の皆様にも感謝せずにはいられません。ありがとうございました。

さて、卒業生諸君は長い義務教育の課程を終えて、後期中等教育の段階に入っていきます。この時に最も必要なことは、自分が将来どのように生きていくのかということについて、自分でしっかりと考えることかと思われます。人間が生きるということは、具体的には職業において、あるいは職業を通じて生きることを意味します。その職業が自己の人格を決定し、人生を左右致します。この進路決定が、高等学校卒業時までになされなければならないのです。

世間ではとかく、良い職業に就くためには良い学校を卒業しなければならないと考えられがちです。しかし、人生の勝敗は決して学歴によって決定されるものではありません。要はその人の人間性もしくは教養の如何にありますが、その教養とは、学校で得た知識・技能の量ではないのです。大きく美しく咲き誇る花の中心には、花芯があります。わたくしたちの人生においてその花芯に相応するのが、職業でありましょう。習得した知識・技能がまるでその花芯のように、その花芯を基盤ないし中核として全我的に統合され、拡大されていってこそ、知識・技能は真に身に付き、生きて働くものとなります。これこそ、本当の教養でありましょう。そうして、どのような職業であっても、それが社会全体の中で大きな意義をもっているということから、全体における自己の位置と責任に目覚め、職業における生き甲斐を見出すことが、その人の人生を決定していくものと思われます。

しかし現実には、自己の将来の目的を全く持たない学生や青年が余りにも多く、その進路決定も極めて安易に、あるいは単に外見や見栄だけでなされているのではないでしょうか。これでは幸福はもたらされません。

我が子の真の幸福を望むならば、その子が自ら将来の生き方を考えるようにご助言頂ければと存じます。我が子が明日からどのようなコースを進もうとも、自分に誇りをもち、生き甲斐のある将来を自らの力で築き得るように、たとえ躓《つまず》きがありましても、その躓きが却って長い将来においてプラスに転ずるように、何とぞお導き下さい。もしわたくしたちに出来ることがありましたら、ご遠慮なく申して下さい。我が附属中学校が、卒業生諸君にとって、永遠の心のふるさとであることを、わたくしたちは念願しております。

わたくしは、卒業記念アルバムの寄せ書きに「希望」と書かせて頂きました。希望は期待とは異なります。期待はそれがはずれた時には、挫折をもたらします。しかし、明るい希望は苦難を克服させ、将来を切り拓かせます。どのような時にも希望をもち続けてほしい。それを失わないようにしてほしい。それがわたくしの念願なのです。我が子に希望の灯を点じてやって下さいますように。皆様のご多幸を心からお祈りして擱筆致します。

（『湖光』滋賀大学教育学部附属中学校ＰＴＡ、第一三八号、昭和五六年三月）

㈤　苦悩を通しての歓び

「生きるということは悩むことである」とは、ある哲学者の言葉。この厳しい現実の中で、人間が人間として生き抜くことは、極めて難しい。自分がやりたいと願うことも、すべてが思うままには行われないし、時として思わぬ抵抗や障害に出くわして、失敗もし、挫折もする。時には失意の余り、密かに死を考えることもあるかもしれない。この苦悩の連続、これがわたくしたちの人生であると言ってよい。

しかし、この苦悩を通してこそ真の歓びに到達することができると考えた人がいる。その代表者として、かのベートーヴェンが挙げられる。彼は時代の激変期にあって、精神的、経済的にも悩み続ける。

それに甥カルルの非行、それにもまして音楽的には致命的と言わなければならない耳の病い、失恋……。彼はハイリゲンシュタットで遺書まで書く。しかし、彼はそれらの苦難に耐え、「心から出て心に至る音楽」を求め、「苦悩を通しての歓喜」を音に託して表現していくのである。この結晶の代表作が「交響曲第九番・合唱付」であろう。

第一楽章では、混沌の中から雄々しく立ち上がりながらも、悩み苦しみ続け、そこで、人間にとって幸福とは何か、歓喜とは何かを問いかける。それを舞踏の中に見出そうとする第二楽章。しかし、それには満足できない。第三楽章では、田園への逍遥、自然との出会いの中に安息を求めるが、その終末部で突如と響く全管楽器の響きに目を覚ませられ、これに甘えてはならない、満足していてはならないと、さらに人生に問い続ける。終楽章ではこれらが総括される。幸福とは何か、歓喜とは何かが鋭く問いかけられ、それに答えるべく今までの三つの楽章のテーマが姿を現すが、たちまち否定されてしまう。そしておなじみのテーマが現れることによって、初めて完全終止、つまり同意と承認の意が表される。究極的には、人類のすべてが同朋として手をつなぎ合い、共に神のみ前に額ずくことに、人間としての歓喜が謳歌されていく。わたくしたちは、これに耳を傾ける時、慰められ、励まされ、苦悩を克服して生き抜くための指標をも示唆されるのである。

わたくしたちは、前に立ちはだかる障害や抵抗にめげることなく、それを克服して、あくまで人間として生き抜かなければならない。失敗や挫折は誰にでもある。しかし、それをプラスにするかマイナスにするかは、自分自身にかかっている。いかなる苦難をも、自己の人間的成長をなさしめるために天から与えられたものと感じ、希望をもってそれを乗り越えることが肝要なのである。心の友とのあたため合い、励まし合い、誠心誠意をもってこれに当たるならば、幸福、歓喜への途は、必ず求められるであろう。

（『湖畔』滋賀大学教育学部附属中学校生徒会、第三〇号、昭和五六年三月）

㈥　自己の位置と責任に目覚める

わたくしたちは、皆、一人の人間としてこの世に生を享けた。この世に生を享けた以上、誰もが掛け替えのない存在であり、誰一人として不要な者はいない。夫々が社会の中で果たすべき自己の役割が与えられているのであり、それらが発揮され協働し合ってこそ、社会は円滑に運営されていく。とは言っても、その役割が何であるかということは、容易に知ることができない。各人の内に潜む個性や能力は極めて秘密に満ちたものであり、ともすると開花されずに終わることもあるし、また、芽を出し初めていても、それに気づかれることなく、無残にも摘み去られていることさえあるのである。

複雑な現代社会の中では、自己の役割を見出すことを、一層難しくしている。一人の力ではこの巨大な社会を動かすことはとうてい不可能であると思わざるを得ないし、職業の面でも、極度に専門化され分化された作業過程の一コマを受身的に分担させられているに過ぎないと考えられがちだからである。となると、ひとはこの巨大な流れに摩擦なく順応する途を求めることに陥り易い。自己の内に秘められた素晴らしい個性や能力を何ら考慮することなく、外見的に可とされる方向を一途に目指して行く。しかも、それは規格化され画一化された途でしかない。すべての人間が同一のコースを同一の歩調で走れる筈はない。当然、挫折や躓きが生じ、逸脱することさえ起こり得る。その際、ひとは自分は駄目な人間なのだ、生きるに値しない人間であるとまで考え詰め、死にまで至るのである。ここに今日の大きな悲劇があると言わなければならない。

演劇は舞台の上で華々しく演技する俳優だけでは成り立たない。演出家もいれば多くの裏方さんたちもいる。それだけの人が、自己の特性を生かし、役割分担しながら協働している。ここでは、どのような役割であろうとも、誰もが「自分なしには済まされない」と言うことを意識し、夫々の自信と誇りに生きている。人生という演劇もまた、これと同じである。わたくしたちは規格化され画一化された人生航路の追求から脱却し、自分にしかできない生き方、自分に課せられた使命を見出し、それを追求しよう。たとえそれが外見的には目立たないものであり、いとも細やかなもののように思われても、それは社会全体の中で大きな意義と役割をもっているに違いない。

二度とない人生に自己を生かそう。そのためには、何事に対しても真剣に挑戦し、その中で自己を見出していくこと、つまり、全体の中で自分がどのような位置にあり、どのような責任をもっているかについて目覚めていくことが必要である。個性と能力は、このようにして発見され、開花されていくのであろう。

（『湖畔』滋賀大学教育学部附属中学校生徒会、第三一号、昭和五七年三月）

(七) いのちの尊さに気づく

今、人間としてこの世に存在していることの意義を深く問う時、次の詩は極めて示唆的である。

自分の番――いのちのバトン　　相田みつを

父と母で二人
父と母の両親で四人
――
そのまた両親で八人

こうして数えてゆくと
十代前では、千二十四人
二十代前では——？
なんと、百万人を超すんです

過去無量の

いのちのバトンを
受けついで
いま、ここに
自分の番を生きている
それがあなたのいのちです
それがわたしのいのちです

（『にんげんだもの』文化出版局）

実際、われわれ人間は、皆、何百代、何千代にもわたる祖先の血と思いや願いを受け継ぎながら、掛け替えのない「いのち」を与えられて、この世に生を享けている。そうして、この血と思いや願いは、更に次の世代に受け継がれ、永遠に続いていく。それだけに、人間はだれしも、その生物的生命は人類の長い歴史の中では何千億分の一でしか過ぎないとしても、どこでどのように生まれようとも、この世で果たすべき夫々独自な意味や価値を与えられていると言わなければならない。

これは、「宇宙の大生命」とも言うべき、人間の力を超えたもののなせる業《わざ》と言う他なかろう。そうして、この宇宙の大生命を媒介として、すべての人間が結ばれている。わたくしたちが、この宇宙の大生命によって生かされていることを自覚し、それに対して畏敬の念を抱く時、同じくそれによって生かされているすべての人間を聖なるものと感じ、相互に尊重し合うことができるのである。自他の人格や人権の尊厳も、真なるものとなる。

生かされて生きている自己を深く自覚し、それに対する感謝の念を抱きながら、すべての人間に対する連帯感の下に、社会全体の中での自己の位置と責任に目覚め、たとえそれが細やかなものであるとしても、自らの役割を果たすことに努めよう。これが伝教大師最澄の「一隅を照らす」ことでもある。いのちのたっとさを自覚することから、私とは何か、私は何をなすべきかを、真剣に考えてみたい。

（『湖畔』滋賀大学教育学部附属中学校生徒会、第三九号平成二年三月）

㈧　無財の七施

日本の知的水準は極めて高いと言われている。国土も狭く資源にも恵まれない我が国が、戦後の廃墟から立ち上がり、奇跡の復興を行い、経済大国として成長したのも、国民の勤勉さとともに、この知的能力によると言えよう。今やハイ・テク技術は世界第一と言われている。しかし、経済的繁栄の陰に、様々な歪みが生じている。金銭優先、自己絶対主義、権利のみの主張、責任転嫁等、そこから来る世相の悪化。そうして自然破壊、更には、不要な者は除けとばかりの人命の殺傷。このような状況の中で、人間としての在り方や生き方が厳しく問いかけられ、徹底的に吟味と建て直しが求められているのである。

人間がいかに高度な能力をもっているとしても、大自然の恵みなしには生存することができない。何事も自分の力でなされ得るので他人との付き合いは必要でないと考えてはいても、実は、有形、無形の様々な人たちの援助や支えなしには生きられない。両親から生を享け、その自愛溢れる養育のお陰で今日在るのであるが、そのいのちは過去無量の祖先のいのちを受け継いだものである。このことに深く思いを致す時、自分が目に見えない糸によってすべてに繋がり、しかも宇宙の根源、大生命とも言うべきものによって生かされていることに気付かざるを得ない。この大いなるものに畏敬の念を抱き、感謝と祈りの日々を過ごす時、たとえ細やかであるとしても自分でなし得ることを果たし、ご恩に報いようとするのである。

仏教で「無財の七施」ということが言われている。たとえ財産が一文もなくても、心掛けによって布施する。つまり、喜びに対する感謝の意を表することができると言うのである。すなわち、

1. 眼施（がんせ）――やさしい眼差しで相手に接する。
2. 和顔施（わげんせ）――和やかな表情で相手に接する。
3. 言施（ごんせ）――日常生活の中で、あいさつなど、様々な声をかける。
4. 身施（しんせ）――自分の労働力を無償で提供する。
5. 心施（しんせ）――相手に対して思いやりの心を持つ。

6．牀座施（しょうざせ）――他人に自分の席を譲る。
7．房舎施（ぼうしゃせ）――たとえ一夜でも旅人を自分の家に泊めてあげる。

これなら誰もが日常生活の中で、ちょっとした心掛けと努力によってなされ得るであろう。そうして相手に喜びを施すことによって自分もまた喜びの心をもつことができる。やがては生きとし生けるすべてのものにも七施がなされ、人間として生きることへの喜びや感謝の念へと発展されていく。無財の七施こそは、日本の心を回復し、内面的な建て直しを図るための出発点ではなかろうか。身近なところから始めたいものである。

（『湖畔』滋賀大学教育学部附属中学校生徒会、第四〇号、平成三年三月）

㈨「私の思い２００４」を終えて

酷暑の中、本日の第七回中学生広場「私の思い２００４」には、学校を挙げて非常なご尽力を賜り、誠にありがとうございました。

実行委員の生徒さんたちも見事な企画・運営をやって頂き、それを背景にして各意見発表者も全員がそれぞれ素晴らしい発表を堂々と行ってくれました。一応の審査を行いましたが、いずれも素晴らしくて優劣を着け難く、審査員一同非常に苦慮を致したことを申し添えます。有意義な中学生広場がもたれましたこと、これ偏に担当の先生方による平素からのご指導の賜物と感謝致しております。

さて、わたくしが平成一四年に出しました『戦後教育の反省とその再建』（東信堂）と題する著書の中で、次のように書いております。

中学生と言えば直ちにその非行が想像される時に、是非とも注目してほしいのは、中学生による「わたしの主張大会」である。それは、すべてが中学生自らの企画・運営の下に毎年実施されており、そこでの主張や態度のなかに、明るくたくましい明日の郷土と祖国、さらには人類の姿が予示されているのを感じさせられるからである。あれほど素晴らしい資質や能力を秘めた中学生たちを、二一世紀の意義ある担い手に育てられないとしたら、それこそ、わたくしたち大人、とりわけ教育関係者の無能・無責任以外の何ものでもなかろう。

わたくしはこの中学生広場には最初から関係させて頂いておりますが、いつも皆さんの実に中学生らしい、明るくて、節度ある生活態度をもって企画と運営を見事にやり遂げてくれる姿と、それを支えに堂々と自分の思いや願いを立派に発表してくれる姿を見て、涙のこぼれる思いです。そしてわたくしが書いた先の思いは全く変わらないばかりか、ますます深まって参ります。それに今年は、生徒さんたちの発表を通じて、各校が学校運営の中で様々な取り組みをして下さっていることの一端を知り、教育崩壊が言われている今日、我が大津市の中学校は大丈夫だと喜び、一層その思いを強めております。

ここでは学校名は省略させて頂きますが、校門前でのあいさつ運動、学校環境美化活動、クリーン化政策・グリーン化政策、クリーン化大作戦、クリーン・リバー大作戦、アルミ缶・牛乳パックの回収、ベトナムの子供たちに学用品を送る活動、独居老人への書簡や訪問、地域内の老人ホーム等福祉施設への定期的訪問等々、各種のボランティア活動が、各中学校の特性を生かして生徒会の手によって活発になされていることに対して、衷心より敬意を表さなければなりません。しかも、これによって生徒たちのだれもが、自分もやればできるのだ、しかも、自分たちがやったことで皆さんから喜ばれ、感謝された、必要とされている、期待されている、自分が果たすべき役割とは何かなどと考えながら、自らの存在意義に目覚めていってくれているのです。このことは、この年齢期の青少年たちにとって、もっとも肝要であり、喜ばしい限りです。このような活動は学校全体、全教職員の一致協力体制なしには、とうていなされ得ないことであり、それだけに担当教員による生徒会に対する助言指導へのご努力とともに深い敬意を表させて頂きたく存じます。

さらに、今日、修学旅行で行った民宿で先生から「親からの手紙」を渡され、生徒たちが驚き、喜び、改めて親の思いを知って、涙の中で親に返事を書いたという某中学校生徒による発表がありました。この企画には全く頭が下がりました。この年齢期の生徒たちは、「親に甘えたい、しかし照れ臭い」「親と一緒にいたい。しかし、一人でいたい」、「理解してほしい、しかし、叱ってほしい」「反抗する、しかし、指導してほしい」などと言った、相反する両面を心のうちに抱いています。それだけに面と向かっては言えないことも、手紙でなら書くことができますし、特に家を離れて家族のことを少しは気にした時に親の本心を知ることは、極めて大切かと思います。激増する少年犯罪を通じて親子関係の希薄さや縺れがいろいろと取り沙汰されております時だけに、このような形で生徒たちに親子の絆の大切さに気づかせて頂いたことに感謝するばかりです。親の方もきっと我が子を見直したことと思います。

なお、今年のアトラクションは膳所石鹿太鼓の皆様がやって下さいました。古都指定を受けた我が郷土の大津市には、どの地域にも麗しい自然を基盤として創り上げられ伝え続けられてきた伝統文化があり、今なおその維持・保存が地域の人たちによって熱心に行われています。中学生諸君もこの自然環境と伝統文化に親しみながら、郷土に誇りを抱き、今日も某君が「浜大津の活性化」について発表してくれたように、それぞれの郷土の発展について思いを馳せ、さらにそこから国際社会の中での我が国の在り方にまで拡げてくれることを念願致しております。

以上、校長先生方による指導とご尽力に感謝し、同時に、担当の先生方には御礼の言葉を、生徒たちには激励の言葉を、わたくしに代わって述べて頂きますようお願い申し上げますとともに、皆様のさらなるご多幸と貴校のますますのご発展を祈念申し上げます。
では来年もまた、よろしくお願い申し上げます。

平成十六年七月三十一日

大津市青少年育成市民会議会長
村　田　昇

大津市内各中学校長殿

(十) ＰＴＡ活動のより活発化を

今日、「生涯教育構想」「学習社会の到来」等の呼び声の下に、予想だにされ得ぬ複雑な未来社会の中で全人類が幸福に生き得るためには、「学習」がその基本的条件とされ、教育の必要が強調されています。しかもその反面、「脱学校論」等に見られますように、「学校教育万能論」に対して厳しい批判もなされているのです。それに加えて、今日の児童・生徒の学力低下や非行の増大等の状況の中で、学校教育、とりわけ中学校教育に対する巷の疑惑や不信の声は、極めて高いと言えます。学校教育とは本来何なのかが、それこそ原点に立ち帰って究明されなければなりません。

本校では教職員が一体となり、中学校教育の本来的な在り方を求めて理論的・実践的に真剣に取り組んでおります。しかし、神ならぬ人間の営為である以上、万全を期すことはとうてい不可能です。生徒の現状と問題点、その人間形成の真の在り方について、両親と教師とが常に胸襟を開いて率直に語り合い、考え合っていくことがなされなければ、学校教育は本物とはなり得ません。

特に「うちの子に限って」「うちの学校に限って」という考えが成り立たない現状にあっては、学校と家庭と地域社会とが共通な目標の下に夫々の役割分担を明確にし、協働し合うことが、何としても必要です。全会員参加によるＰＴＡ活動の日常化・積極化を念じています。

（『湖光』滋賀大学教育学部附属中学校ＰＴＡ、第一三九号、昭和五六年七月）

教師の問題

子育ての原点

一

峻チャン事件や長崎県での女子児童による同級生殺しに引き続き、最近、少年による殺傷事件が後を絶たず、実に痛ましい。加害者の家族環境等が全く分からないので批評はできないが、多分、家庭を余り顧みない弱い父親と愛情の欠如した教育ママの家庭の子女ではないかと思われる。人間の脳は三歳までに形成されるとのこと。母親の胎内、しっかりと抱擁されての授乳と笑顔でのささやき、それを全うさせるための父親の努力。この中で脳も養われていくようである。それが欠如した子は思春期になると、幼小児をいじめることともなる。保育所での長時間保育とか深夜保育とかばかりが問題となっているが、大津市と姉妹都市関係にあるドイツのヴュルツブルクでは、今から十数年前に訪問した際に、担当者から「女性は子供を産んだら三年間は休む義務がある。そうして、三年したら完全に職場復帰が保証されている。そして、その間の給与は、約三分の二程度ではあるが、州と市とから半分づつ支出されている」と聞いたように思う。新聞記事によると、東京都では新生児一人を託児所や保育所で預かると、一人で月に約五十万円かかるとか。としたら、たとえ十万円を育児手当として支出しても、財政的には助かるし、育児のためにもよいのではなかろうか。そして、三年後の職場復帰が保証されていたならば、安心して子育てと休養に専念できるのである。少子高齢化対策の充実を叫びながら、我が国の福祉行政はどうしてこのような施策を講じようとしないのだろうか。施設に外注するだけの保育しか考えられていないように思われてならない。わたくしが会長を務めていた大津市少子化対策推進計画審議会の席上で、長年民生委員を務めてきた女性委員が「正直言って子育ては大変でした。しかし、それを通じて母親でないと味合うことのできない悦びをも与えられました。今は女性として生を享けたことに誇りを抱いていますと」と発言されたことがいつまでも忘れられないのである。

とは言っても、わたくしは保育所は不要であるなどと言っているのでは決してない。ただ保育所が家庭に替わるもの、家庭以上のものでは決してないと言いたいのである。子育ての責任はあくまで親にある。わたくしが親しくしている某保育園長であるが、子供を迎えに来る保護者たちに、毎日、「一日に少なくとも必ず一度は我が子をしっかりと抱きしめて、その顔を笑顔で優しく見てやって下さい」と言っているとのこと。大切なのは、子供と接する時間の量ではなく、その質、内実なのである。だから、我が子を保育所に預けていたとしたら、たとえ帰宅後の僅かの時間であっても、子供との緊密な接触に努めることがより必要であると考えるのである。そうであったなら、子供はやがてお父さんとお母さんは、どこかから自分をしっかりと見守っていてくれる、と思うようにもなるであろう。ところが最近、保育所や幼稚園、小学校の先生方から、子供を保育所に預けておいて、あるいは家にほっておいたまま、自分は遅くまでカラオケ店で遊んでいるような親が増えているということをも耳にしている。ここに問題があることには間違いがない。

子供は手塩にかけて育ててこそ、愛情が沸き起こってくる。他人任せの子育てをやっているから、いつまでも親になりきれないのである。子育てとは結局のところ自分自身を育てることなのに、それが分かっていない。最近の若い母親たちは、子供に人間として最低限度必要なしつけさえをも行っていない。自分自身も授業参観等で平気でしゃべっている。携帯電話も鳴り放題。そして、子供が自分の思うようにならないと、児童虐待。やがては岸和田市の母親のように、我が子を殺すことをも厭わなくなるのではなかろうか。大津市のあるコンビニ店では、小学生少女がメモを手に万引きをして補導されたが、それも母親の言いつけに従ってやったと言うことであった。

二

次に、今の子供は外で遊ばない。室内でテレビ・ゲームに忙しい。これでは、親しい友達もできないし、遊び相手も相談相手もできない。そうして、健康力と社会性も身に付かない。今の子供らは理科嫌いが多いと言われるが、それは子供と自然との接触がないからだと考える。シュタンレー・ホール(G.Stanley Hall, 1844—1924)というアメリカの心理学者は、理科教育は「感情的反応」から始まると言っているが、その感情的反応とは、自然と親しみ、自然と語りかける中で感じる感動や驚き、疑問なのである。そこから学習が始まる。これなしに知識をいくら与えても、興味や関心は生まれないし、その知識も生きて働くものとはなり得ない。今の子供はいわゆる「仮想現実」(virtual reality)に陥っている。言葉にしても、相手の顔や表情を見て、その心を思いやりながら語り合うのと、パソコンで書きたいことを何でもそのまま書くのとでは、全く違う。そして、その言葉の基本もできていない。かつては小学校を訪問すると、どこかの教室から必ずと言ってよい程、掛け算の九九を唱えたり、学級全員で国語読本を朗読する声が聞こえてきた。しかし、今はそれがほとんどないように思われる。電卓ができた時には、算数の計算もこれでやらせばよいと言った意見が、一時、一部から出されたことがあった。九九を覚えさせるのは、詰め込み教育だと言うのである。そこで思考力も育てられることが気づかれていない。まして、歌のように覚えられる掛け算の九九があるからこそ、日本人の暗算力が強いことも分かっていない。外国で買い物をしてお釣りをもらう時などは、大変である。日本でのように直ぐにはお釣りが出てこない。特に現代は機械の時代だからこそ、却ってどこかで一度は自然体験をしておくことが必要だと考える。でないと、新しい機械を発明する人間とはなり得ないであろう。ここから育ってくる大自然に対する親しみと崇敬の念から、日本古来の宗教心も培われていくと考えたい。

わたくしは、子供に必要な体験を「全体的・根源的体験」と呼んでいる。全体的とは、身体と知・情・意という人間諸能力の全体、そして例えば自ら耕し、種子を蒔き、育て収穫するという、あるいは材料を探し、自ら設計し組み立てるという過程の全体、この二つの全体を満たし得るのは根源的体験でしかないと思うのである。特に飼育・栽培や手工的な体験を子供に育てたい。

学校で殺傷事件が起ると、学校長は決まったように「いのちの大切さを教えます」と言っている。しかし、その「いのち」はどのように捉えられているのだろうか。かつて日教組は「戦後教育の特徴はいのちを大切にする教育にある」と言っていた。それが本当になされていたのなら、今のような教育とはなっていなかったであろうし、まして少年による殺傷事件等は起こり得なかったと思われる。昭和三三年に道徳の時間が特設され、それと同時に道徳の「内容」も学習指導要領に明示されたが、そこでさえも「生命尊重」は、単に「健康の増進と安全の保持」として、いわば生物学的・生理学的次元でしか捉えられていなかった。平成元年に告示された学習指導要領から道徳教育の「目標」に従来からの「人間尊重の精神」に「生命に対する畏敬の念」が加えられ、この時からやっと「畏敬されるべき生命とは何か」が問題となったのである。この時に改正には不肖のわたくしも関わり、ここにこそ戦後教育が忘れ去ったものがあると考え、その意味づけに努力させて頂いた。そのことについては、拙著『日本教育の再建──現状と課題、その取り組み』（東信堂、平成一三年刊）の第三章で述べている。ここでそれを繰り返すいとまはないが、ここから「宗教的情操の涵養」もなされることとなる。先に述べた大自然との関わりから、「人間の力を超えた大いなるものの存在」をも感得し、家庭で小さい時から神仏の前で両手を合わせることを学び、それらを基に学校の「道徳」の時間で「畏敬されるべき生命」についての学習がなされていたならば、今日のあの残虐な殺傷事件は決して起こらなかったであろうと考えるのである。

最後に、次のことをお子様方に具体的に言って上げて頂きたい。人間が大自然や目には見えない何か大いなるものによって生かされて生きている存在であるが、その人間が人間としてこの世に生を享けるのは、まさに有り難いことが有り得たと言われる程に至難なことであり、父母双方からの過去無量の祖先の生命とその思いと願いを受け継いで神仏から授かったものである。そして、自分という自分はこの世界の中に自分一人だけしかいない。それだけに自分が人間としてこの世に生を享けたということは、自分がこの世で果たさなければならないことがあるからなのだ。それが何であるかを求め続けていこう。それに対して、多くのご先祖様方がどこか遠いところから常に見守って下さっている。そのご先祖様方を悲しませるようなことだけは絶対にしないように努めよう、と。

（平成一六年六月八日記）

教師の資質と能力

昔から「教育は人なり」とも言われ、教育の勝敗が一にかかって教師にあることは論をまたない。それは単に指導技術の巧拙だけでなく、その人の人間性、特に教師としての使命感が重要なのである。今日の教育崩壊の中で教師の資質能力が問題とされ、次々と不祥事が報道されると、長年にわたり郷里の大学で教員養成に携わって来た者として、内心忸怩たるものを覚えざるを得ない。

滋賀大学に在職中は講義や会議のない日にはほとんど毎日、どこかの幼・小・中学校を訪問したり、県や市の各種行政委員会に出席したり、青少年育成運動に参加していたが、停年退官してからのこの十有余年はその機会も少なくなった。しかし、卒業生たちがよく拙宅を訪問してくれるし、また卒業生の有志たちによって二〇数年前に創設された「現代教育問題研究会」に出席してくれる諸君からも、率直な意見を聞くことができる。それらによると、確かに最近には問題の教師が増えていることは否定できない。問題行動があったり、教員としての資質能力に欠けるとされる教師も出てきていることも事実である。しかし、立派な学校長が赴任し、全教職員が一致協力すれば、学校は変わる。上述した研究会で素晴らしい実践を発表してくれる卒業生も、多くいてくれる。地域の協力をも仰ぎながら、見事に学校を建て直した校長もいる。もちろん、特に教職員組合が強いために教職員が就いて来ないので、四苦八苦している校長も少なくはない。そこでは非組合員である教員の苦労も、並大抵でないようである。

一

戦前の教師は、同じ松の木でも山の松の木は自然のままに大きく育つが、植木鉢に植えられると型に嵌まって大きくならないなどと言われ、その「教師タイプ」が批判されたかもしれない。しかし、わたくしの恩師たちのことを思い出しても、今なお敬服することばかりである。僭越ながら同じく教員であったわたくしの両親と三人の姉たちも、常に教え子たちのことを思うとともに、教育者として我が身を律していたことを子供心にも感じさせられた。しかし戦後、その聖職観が日教組によって完全に否定されてしまったのである。日教組は昭和二六年一月二四日に「教え子を再び戦場に送るな」のスローガンを採択し、同年八月七日には「教師の倫理綱領」草案を発表した。そこには「教師は労働者である」「教師は生活圏を守る」「教師は団結する」等の一〇項目が謳われている。明らかに日教組の政治的イデオロギー化と教師としての聖職観の否定である。労働者としての教師は、口を開けば「子供から」とか「子供のために」とは言ってはいても、その子供たちのために我が身を挺することはやろうとはしない。例えば夏期休暇中に学校のプールを開放してほしいという保護者と子供たちの強い願いに対しても、そのために必要なプール監督に出ることには拒否し、校長と教頭だけが保護者の協力の下に監督を行ったことを、某校長から耳にしたことがある。いわば職務規定に定められた最小限のことしか行わないのである。そして、村山内閣時代に文部省と日教組との「歴史的和解」とやらがなされてからは、例の「ゆとり教育」に象徴されるように、また、教科書検定に見られるように、文部科学省の姿勢そのものまでが変になってしまったし、地方教育委員会にしても、日教組や全教との間に波風を立てないようにしたいというような事なかれ主義が多く見られるようになったと思われてならない。教員の組合加入率はせいぜい三割でしかないのにである。

もちろん、家庭と地域社会の激変の中でその教育力が低下し、例えば基本的生活習慣のように家庭で身に付けておくべきことが全くなされていないままに登校している子供が少なくないばかりか、子育てはすべて保育所と学校が行うべきことであるとし、自分の生活をエンジョイすることに忙しい親が増えてきたことも聞いている。その中で卒業生たちは、教師としての指導の困難さを告白するが、その際、わたくしは「変化に対応し得る指導を行ってこそ真のプロの教師と言えるのではないか。これまでの経験を生かしながら研鑽に励もうよ」と言って、激励することに努めている。

二

「今、教師の質が問い直されている」と言われているが、同感である。アジア諸国の中で日本だけが明治維新を通じて近代的独立国家として発展し得た原因として世界から注目されていることの一つは、当時、日本人程、読・書・算の力の高い国民は世界に例がなく、しかも指導者たちの知性が高く、優れた指導力をもって国のために尽力したことにあると言われている。国の発展のためには何としても教育力の向上が必至であり、それだけに教師の資質・能力はもとより、その人間性の在り方が求められることになる。

まず、何としても戦後の教員養成に対する見直しが必要であろう。今はどの大学でも教職員免許法に規定されている所定の単位科目の単位を取得しさえすれば、簡単に教員免許状を得ることができることになっている。教育実習にしても、極めて短期間しか課せられていないし、そこで果たして教育者としての使命感までが養われ得るであろうか。そして、都道府県で行われる教員採用試験に合格し採用さえされたならば、その日から学級を担任し一国一城の主とされるのである。新任者がこうも専門職として一人前扱いされる職場は、他にあるだろうか。わたくしが留学していたドイツでは、教員採用試験に合格してから一年間は「試補」としての研修が義務づけられている。その指導に当たるのは各州の教員研究所で、そこには学位を所有する専門職員も多く、理論と実践の両面にわたり、厳しい研修がなされており、その研修を終えて本試験に合格してはじめて一人前の教師になれるのである。我が国でも確か昭和の末期に新任教員に対する長期講習が問題となったが、これに対しても日教組が厳しく反対し、実現には至らなかった。

三

かつては新任教員に対する指導は、学校長の責務のように考えられていた。学校長は毎日のように指導案に目を通し、時には実際に授業を視て指導を積み重ねていった。校長によっては、必読書までが巧みに指導されていた。もちろん、内容によっては教頭や主任たちによる指導をも求められる。中には、わざわざ附属小・中学校での教育実習で指導を受けた教官や大学で卒業論文の指導を受けたり受講した大学教官に相談するように指示した校長もあったと言う。だから卒業生を見ると、大学での成績よりも新任校の校長や先輩達の指導の方が効果を上げており、新任校に良い指導者がいたかどうかによって教育者としての人生が決定されたと言うことができる。しかし、組合活動の強い学校では、学校長が校内を巡視することさえも、それはいわゆる勤務評定のための管理だとして猛反対されるのである。文部省や地方教育委員会の主催による研修会への参加も、かつては反対されていた。特に昭和三三年に「道徳の時間」が特設された時には、物理的な抵抗が全国的に展開し続けられた。それでいて、教職員団体主催の研修会には動員したのである。ともかくも学校長による管理を弱め、学校を組合管理に置くと言うのが彼らの願いなのであろう。このために、広島県では学校長と教育次長が自殺するという事件までが生じた。どの府県でも、表面的には平穏に見えながら、実は反日教育が隠然たる力をもって浸透している学校もあることを見逃してはならない。

四

最近、「一番安全な筈」の学校に暴漢が侵入し、痛ましい殺傷事件が生じている。この加害者たちのことについては、ここで触れるいとまがない。学校としては可能な限りの防犯体制を確立することが必要となるが、しかしいくら校門を閉じていても、玄関に守衛を配置していても、学校という広い施設にはどこからでも侵入することが可能であることが忘れられてはならない。それにはいくら防犯カメラやセンサーを設置しても、その反応にのみ任せておいていいのだろうか。機械・器具はいざと言う時に機動しないことさえままあると言われている。これまでわたくしが各学校を訪問した際に最初に困ったのは、職員室や校長室を探すことであった。かつての木造校舎ではそれらは一階の正面玄関に一番近い所にあり、そこからは校門に出入りする人たちを見ることができた。わたくしが学校長を二度併任した滋賀大学附属中学校の校舎では、校長室は二階にあったが、そこから校門に出入りする人たちを注視することが可能であり、わたくしは何気なく校門によく眼を向けたものであるが、それは本能に根ざすものだったのかもしれない。

ともかくわたくしが言いたいのは、子供たちを守るのは教職員でしかないと言うことである。先日も大津市青少年問題協議会の席上で本年度から二校に一人の警備員が配置されたことが教育次長から報告された際に、副会長として会長である市長に代わって司会進行を務めていたわたくしは、「警備員が配置されたことはありがたいが、決してその方に万事をおんぶしてはならない。学校には入ろうと思ったらどこからでも入ることができる。子供を守るのは自分たち教職員でしかないことを、先生方により徹底してほしい」と厳しく願ったのである。教職員間にその気構えなしには、いかに機械・器具が整えられても効果がないと思うのである。実際、大阪教育大学附属池田小学校に暴漢が侵入した際の教師の対処には、それが特に教育実習を担当する国立教育大学附属小学校であっただけに、正直言って残念でならない。かなり後になって、最初に犯人と出会った教員は「自分も加害者だ」と言って反省していたようであるが、まさにその通りだと言うべきであろう。わたくしはあの時、これでは家に強盗が入り子供が殺されようとしているのに、親はそれをほっておいて逃げてしまったのと同じであると思わされたのである。それに比べて、その後、包丁を持って襲いかかった男の右手を掴み逮捕に至らせた京都市宇治小学校の若い女教師は流石だったと、敬服するばかりである。このように言うわたくしも、実際の場でそれがなされ得るかどうかは疑問である。しかし、常に子供を守り育てるという使命感があるかどうかが大切なのであり、子供たちはそこから自ずと教師に対する信頼の念が生じていくと考える。それだけに教師たちに教育者としての使命感に燃えてほしいと願うのである。

　ついでに言うと、わたくしの卒業生の中には、あの池田附属小学校での事件の直後に管轄の警察署に連絡し、生活安全課長等を招聘して研修会を催すとともに、保護者たちにも集まってもらい、児童・民生委員や少年補導員等青少年育成関係者とも連絡し、各学級で懇談会を行った校長もいた。警察の生安課長から暴虐犯人に対処するための方法を教えられ、全教職員が勇気百倍をもちましたと報告もしてくれた。また、保護者たちも学校任せでなく、学校内外での子供の生活や安全を守ろうと決意し、早速、当番制で出校して登校の際に校門前で子供たちを送迎し、校内を巡視し、子供たちの集団登下校に同行したと言う。あの時、保護者たちを集めて懇談の席を持った校長は、かなりいたと思う。そしてそれ以来、警察官を招いての研修を受けたり、家庭及び地域社会との連携協力の強化を図った学校長も増えている。学校長によってこのように対応も違ってくるのである。教育委員会の対応も同じである。学校長を呼び集めて訓示をしてはいても、単に形式的なものに終わってはいないか。注目する必要があるだろう。

五

教育基本法の第十条（教育行政）には、「教育は、不当な支配に服することなく、国民全体に直接責任を負って行われるべきものである」と規定されている。この条項の規定は「教育の中立性」を遵守するために当然のことと言えるが、しかし現実にはその「不当な支配」を行っているのが実は教職員組合であり、それがあの自虐史観に基づく反国教育を行ったり、「国旗・国歌」の問題に対してあのような混乱を招いているのである。また、それを指導する教育委員会にしても、すでに言ったように波風が立たないことにのみ配慮し、事なかれ主義に陥っているのが少なくないように思われてならない。このことは教科書の採択に関してだけでも想像できる。知事ないし市町村部局が「不当に支配」を侵さないように遠慮しているためにか、教育委員会がいわば「治外法権」の場となり、教育長の独断場に陥ってはいないかということにも注目する必要があるだろう。当然、「顔の見えない名誉職」と称される教育委員にしても、「レイマン・コントロール」としての自らの役職に鑑み、府県市町村民の負託に応じ得ているかどうかが問われなければならない。これらのことを含め、今日、教育界全体にわたる見直しが強く求められていると考えられる。ともかく世論の高まりが何よりも必要である。わたくしとしては、政治的イデオロギーからではなく、人間としてのごく当たり前の常識感覚から考え、それこそ教育を原点に立ち還って再生していくことが肝要であると考えている。

青少年育成国民会議は「大人が変われば子どもも変わる」と提唱しているが、これに習うならば、「教育長が変われば学校長も変わる。学校長が変われば教員も変わる。教員が変われば子どもも変わる」と言うべきであろう。国民の教育を担当する者としての自覚と誇りをもち、使命感に燃えること、いわば聖職観の再生を意味していると考えたいのである。

（平成一六年一月二〇日記）

（参照：拙論「今日特に求められる教師力とは」吉永幸司著『「よさ」を生かす教師力・授業力・実践力』明治図書、平成一八年四月刊。序章）

おわりに

一

戦後六〇年の節目の年、平成一七年もいよいよ暮れようとしている。今年も何かと問題の多い年であった。この中で去る一二月一三日付各新聞には、その年の世相を一文字で表現する「恒例の漢字」が「愛」に選ばれて、去る一二日に京都市東山区清水寺で発表され、森清範貫主が黒々と墨書したことが報道されていた。それについて、京都新聞は次のように述べている。

日本漢字能力検定協会（下京区）が全国公募し、八万五千三百二十二通の応募があった。最も多かった「愛」は愛子さまに女性天皇の可能性が出てきたことや各界で「アイチャン」が活躍したことへの期待感も込められたという。一方で児童殺害事件や耐震強度偽装問題など「愛の足らない事件」が多発したことも反映した。

応募は分散し「愛」の比率は全体の四・七％にとどまった。二位以下に「改」「郵」「株」「笑」「震」と続いた。

「愛」の文字を和紙に揮毫した森貫主は「世の中がもっと人々の愛で染まるよう、気持ちを込めて書いた。人を思う心を育ててほしい」と話した。

尼崎JR脱線事故。建築経費節減のために生命の安全を無視した耐震強度偽装事件。広島や栃木等における下校途中の小学生一年生少女の誘拐と殺傷。そして二十日足らずのうちに起こった京都・宇治市の学習塾教室での大学生講師による小学校六年生少女刺殺事件。また、静岡県における県立高校一年の女生徒による母親への劇物タリウム飲用殺人疑惑。等々。これらの事故・事件に共通するのはまさに「愛」の精神の欠落である。そして、その愛の欠如は今や家族間にまで及んでいる。大阪・枚方では市立中学校一年生男子が母親から「勉強しろ」と殴られたことに腹を立て、殴り返して死に至らせたし、特に先の学習塾講師は「超教育ママの家庭」で育ったらしい（『週刊文春』一二月二二日号）。戦後における経済重視の世相と家庭の崩壊、道徳教育と宗教的情操涵養の軽視。そのつけがこのような形で回ってきたと言うべきではなかろうか。この意味からも、先の森貫主が結論的に「人を思う愛の心を育ててほしい」と言っておられることには、全く同感である。

ところで「愛」と言えば、過日、畏友で「京滋キリストの幕屋」河盛尚哉氏からキリスト聖書塾機関紙『生命之光』一二月号が送られてきた。キリストの幕屋は無教会主義に立ち原始福音に生きる真摯なキリスト教信者たちが、「我らは、日本の精神的荒廃を嘆き、大和魂の振起を願う」、「我らは、政党・

政派を超越して、愛と善意と平和をもって、日本社会の聖化を期し、社会正義と人間愛を宣揚するものである」等、五ヵ条からなる「我らの信条」を下に相い集い敬虔な祈りを捧げられる場である。その『生命之光』一一月号には河盛氏自らが「祖国の平和はこの礎に」と題する論考を寄せ、東京駅・丸の内中央口に立つブロンズ像について述べておられる。

この像は戦後占領軍によって巣鴨刑務所に収監されていた人々が、いわゆるB、C「戦犯」の名のもとに、まともな裁判を受けられず、無実の罪を着せられて中国やアジアの各地で処刑された一千人にも及ぶ戦友たちの願いや祈りを長く後世に伝えるために、昭和三〇年に建立されたものという。その願いや祈りとは、自分たちが「人道の敵」等と罵られながらも、祖国を恨むことも敵国を憎むこともなく、日本の平和のみならず、世界平和の人柱となることであった。そのことは、『世紀の遺書』（巣鴨遺書編纂会、昭和二八年刊）として編纂された各法務死没者たちの遺言に明確に示されている。そしてその『世紀の遺言』の序文には、巣鴨教誨師の田嶋隆純氏が、イエス・キリストの言葉である「己の如く隣人を愛せよ」を引用されていると言う。敵味方の憎悪の壁を超えしめるのは、神の愛でしかないという意味からであろう。この像の台座に漢字で「愛」、その下には愛を意味するギリシア語「アガペー」の文字が刻まれているのは、これに由来すると考えられている。

河盛氏はあの「百人斬り」の虚報で、いわれなき責を問われ、銃殺刑に処された野田毅少佐の遺書の一部を引用しながらこのことを証し、「今では誰にも顧みられない石碑ですが、今日の日本の平和が、これらの方々の祈りと神の愛の中に保たれていることに感謝し、この崇高な日本精神を心より誇りに思います」と言っておられる。わたくしも全く同感であり、靖国神社問題も同様に考えたい。

二

戦後六〇周年に当たり、今こそ日本漢字能力検定協会も選んだこの「愛」の精神に目覚めることが強く求められるのである。ちなみに、先に述べられていたアガペーとは、「エロース」の上への愛・価値愛や、「フィリア」の横への愛・社会愛とは異なり、下への愛、つまり「施与愛」であることに注目したい。それこそは、仏教で言う「慈悲」の心に通ずるものであり、「はじめに」で述べた伝教大師の「忘《もう》己《こ》利《り》他《た》」の精神であると言ってよかろう。この「忘己利他」については、今年他界された前ローマ法王ヨハネ・パウロ二世が昭和五六年に初めて来日された際、我が国の宗教界の代表を前にしてなされた挨拶の中で次のように言われたという（『山田恵諦一〇〇歳を生きる』（私の履歴書）法蔵館、平成七年）。

いまから千二百年ほど前に現れた偉大な宗教家・最澄の言葉を借りるならば、〈己を忘れて他を利するは慈悲の極みなり〉と言っておられる。これこそが、世界宗教の一番大切な理念であり、宗教行為であるから、世界中の宗教家がこれを用いようではありませんか。

この「忘自利他」について、第二百五十三世天台座主・山田恵諦《えたい》大僧正（明治二八―平成六年）は、次のように解釈されている（『山田恵諦の人生法話〔下〕生かして生かされる』法蔵館、平成八年）。

伝教大師の「悪事《あくじ》を己《おのれ》に向かえ、好事《こうじ》を他に与え、己を忘れて他を利するは、慈悲の極みなり」というお言葉を略して「忘己利他」といいます。だれでもやりたがらない苦労のいる仕事を自分で引き受け、やりやすい仕事を他人に回し、自分の利益は考えずに他人のために役に立つ人は、仏と同じである、という意味。この「忘自利他」というわずか四文字をいつも胸に置きさえすれば、それがそのまま宗教になり、宗教心の発露となり、宗教生活の基本となる。

戦後の教育基本法制定時に、最初の案文にあった「前文」の「伝統を尊重し」が「伝統イコール封建的」と曲解する占領軍によって削除され、また、条項の中に「宗教的情操の涵養は、教育上これを重視しなければならない」が「宗教的要素や宗教的情操は、特定の宗教を通じてしか涵養できない」として「社会における宗教生活の意義と宗教に対する寛容の態度は、教育上これを重視しなければならない」に変更された。このことからも分かるように、戦後教育はあまりにも我が国の歴史や伝統が軽視され、「敬天崇祖」という我が国古来の精神はもとより、「国を愛する心」や「公共に尽くす心」までが教育から排除されたことは否定されない。某政党の幹事長は「国を愛せよというのは、基本的に統治機構を愛せということではないか、権力者に利用されかねない」と言っていた。この幹事長が信奉する宗教は「地球民族主義」で国家という概念はないとのことであるが（『週刊新潮』平成一五年六月二五日号）、驚くばかりである。むしろ、イザヤ・ベンダサン著『日本人とユダヤ人』（山本書店、昭和四五年）に、例えばキリスト教会の神父や牧師でさえも『聖書』を日本的に解釈しながらそのことに気付いておらず、日本のキリスト教はキリスト教そのものではなく、「日本教キリスト宗」と言うのが相応しいと述べておられることに着目したい。各国の国民性にはその風土や歴史に応じて夫々独自なものがあり、それが宗教にまで影響を及ぼしていることは否定できないと思うのである。

教育基本法では教育の目的が「人格の完成」に置かれているが、その人格の概念が不明であり、伝統や公共・国家が軽視されたため、我が国古来の「敬天崇祖」の念を抱かず、公共心をもたず、あまりにも利己主義に走り過ぎた人間が増加し、先に述べたような事故や犯罪の激増に至らしめることは間違いない。これからの教育は、公共心・愛国心の育成と道徳心・宗教心の涵養が最重要課題とならなければならないであろう。それなしには、国際社会の中で信頼され、貢献し得る日本人とはなり得ないであろう。

その意味からも、この度、県立河瀬中学校で『新しい歴史教科書』が採択されたことは慶ばしい。特に近畿地区では初めてのことであるだけに全国から注目されているし、仲井校長の決意も堅い。市立近江高校が歴史教科書を中正なものと取り替えただけで、生徒の学習や生活に対する態度が変わり、母校愛までが強くなったという報告があるだけに、「地域の文化を学習するローカルスタディ」を基盤として取り組まれる当校のこれからの歴史教育に注目したい。ここから、滋賀県教育の再生が根づいていくのである。

それだけに、今後は歴史教科書だけでなく、全教科の教科書、特に問題となっている社会科の公民分野、家庭科の教科書についても、全県民が関心をもって頂きたいものである。

三

ところが去る一二月八日の『京都新聞』には「つくる会」教科書の撤回を求める河瀬中高・親の会(代表・本田恵子)が今なお扶桑版歴史教科書の採択撤廃を求め、七日に県教委に署名簿を提出したことが報道されている。この親の会は、「つくる会」の教科書採択に反対する杉並親の会と繋がっており、そのホームページには「河瀬中高・親の会の署名は杉並・親の会でも取り扱っています」とある。なお、杉並区の臨時教育委員会が開かれ歴史教科書の採択審議が行われた八月一二日付の「YAHOO! NEWS」には、東京都杉並区役所には過激派の中核派が支援する「『つくる会』教科書採択に反対する杉並親の会」や共産党と友好関係にある「杉並の教育を考えるみんなの会」の活動家ら反対勢力のほか、扶桑社教科書を支持する人たちやインターネット掲示板「2ちゃんねる」の呼びかけで集まったグループなど約千百五十人(警視庁調べ)が詰めかけ、騒然とした雰囲気の中で審議が行われた」とある。これによっても「河瀬中高・親の会」の性格が理解できよう。このような政治活動に教育が毒されてはならないのであり、それだけに滋賀県教育委員会の決断を杉並区教育委員会等、特に公立中学校で扶桑社版の歴史教科書を採択された教育委員会の決断とともに深い敬意を表さなければならない。そうして、このようなイデオロギー的運動に対しては、毅然とした態度で処して頂きたい。また、地域住民たちも教育の正常化のために学校と協働することを促進してほしいのである。

国の将来が教育にかかっている限り、教科書の問題を含めて、国民の教育に対する関心を高め、世論を高めていきたい。そうして、国民全体の資質・能力の水準を維持・向上を図るためには、義務教育は、国の責任によって営まれることが必要であることを訴える必要がある。今日、義務教育経費の地方移管が問題となっているが、わたくしとしては、最低限度必要な経費は国家負担とすべきであると考えている。わたくしが文部省在外研究員として滞在していたドイツでは、国は大綱を決定するだけであり、ほとんどが州に委ねられている。このため、親の転勤のために子弟を転校させる場合、州によって教育程度が異なるために、少なくとも一学年は留年させる必要さえあることを、現地人から耳にした。国民の義務教育水準に差異が生ずることは、許されないと考えるのである。

また、例の「ゆとり教育」のためにか、わたくしの里山でさえも、小学生の学習塾通いが多くなっている。また、子供数が減少していることにもよろうが、外で遊んでいる子供をほとんど見かけないのである。もし子供らがいわゆる「仮想現実」（Virtual reality）の中で生活しているのでは、知・徳・体の調和的統一のとれた人間とは決してなり得ない。ニート（Not in Employment, Education or Training）が増大するのも当然と言えよう。これに対しても、教育課程の改善をはじめ、国としての責任ある対応が求められるのである。

四

最後に嬉しいことを少しだけ述べておこう。このような世相の中で「自分たちの街の安全は自分たちで守ろう」という自主防犯意識が高まりつつあり、わたくしの近くでも昨年四月には「堅田駅周辺防犯推進協議会」が、本年四月には「真野北学区自主防犯推進協議会」が設立され、地域における防犯パトロールや「青色回転灯装着車両」による地域内巡回活動が、管内警察署との協働の下に活発に展開されている。大津市内の各学区においても、同様な活動が展開されていると考えたい。例えばあの広域にわたる瀬田学区では、中谷隆青少年育成学区民会議会長の呼びかけによって、小学生が下校する時間帯に飼い犬を連れての散歩を行ったり、学区内の全家庭が子供の帰宅に留意し合うことなど、一寸した努力と工夫によって誰もが何時でもなされ得るような対策が講じられている。さらに堅田警察署管内にあるコンビニエント・ストアでは関係機関・団体に呼びかけて自主的に「防犯協会」を設立し、万引き防止や少年に対する酒・煙草の販売禁止、さらには店頭等に蝟集する青少年への対応等に取り組んでいる。これらの活動が互いに手を組み合いながら横に広がっていくことを期待したい。

このような地域活動の中で色々な時事問題についても話し合われ、情報が交換され合いながら学習がなされ、世論が喚起され高まっていくことを念じたい。そのためにこの小著がいくらかなりにも役立つならば幸甚であると念じている。

（平成一七年一二月二〇日記）

〔付記〕

本年二月七日の正午過ぎに『国会タイムズ』社から電話があり、突如原稿を依頼された。これまで全く関係したことのない新聞である。折角のご依頼とあらばとお引き受けし、早速その日の夕刻にその原稿をファックスで送付した。それが第１２１１号（平成一八年二月一五日号）に掲載されて送られてきた。ありがたいことに、この論考は編集会議では好評であったとか。これまでの記述と重複するところも少なくないが、付記させて頂いておこう。なお、副題と最後の小見出しは編集部によって付けられた。

道徳心の欠如を憂える
——日本人の恥じる心、罪の意識が失われる！ 公共、道徳、宗教心の軽視のツケ——

耐震強度偽造事件やライブドアの証券取引法違反容疑等に端的に象徴される最近の事犯には、金銭欲がすべてに優先したことから結果するものが余りにも多すぎる。そこには道徳心のかけらさえも見られない。「金さえあれば、人間の心も買える」とする金儲け絶対主義。それも汗水を流して働いて得るものではなく、楽をして儲けようとするのであり、誰にも知られなかったならば、巧みに誤魔化せたならば、法の網にさえかからないならば、何をしても構わないのであり、その手段は選ばれない。そして、問題が発生すれば、ひたすら他人に責任を転嫁する。ともかく、人命よりも金が重要なのである。

今や我が国にはこの種の大小の事件が急増し、ますます凶悪化している。遊ぶ金欲しさに引き起こされた殺傷事件によって、いかに多くの青少年が自分の一生を台無しにしていることか。功なり名を遂げた高齢者までが、顔を隠して警察に連行されていく姿をテレビで見ると、あの方はご先祖様に対して、また我が孫子に対して恥じることはないのかと、寂しくなってくる。その犯罪によって被害者はもとより、家族や親戚をはじめいかに多くの方々に迷惑をかけているのか、それも自分の代だけでなく、後々にまで響くのかを感じてはいないのだろうか。今や日本人から恥じる心、罪の意識が失われてしまったかのようである。

江戸時代に全国に商いの地歩を確立した近江商人は、「売り手よし、買い手よし、世間よし」のいわゆる「三方よし」を旨とし、信用と責任に生きていた。「わたしを信用して下さい。わたしの売る物はわたしが責任をもちます」というのであり、品物を誤魔化すことは絶対になく、薄利多売に心がけたのである。このために各家庭にはお仏壇が祀られ、家訓が掲げられていた。全国的にも「士魂商才」が生きていたと言うべきであろう。

また、わたくしたちの小さい時には、母からよく「お月様が見ておられる」とか、「壁に耳あり、障子に目あり」などと言われたものである。誰も見ていないと思っていても、「天知る、地知る、神知る」なのであり、具体的には、お月様が、またご先祖様が、さらには神様がどこかからいつもご覧になっているから、「悪いことはしてはならない」と言い聞かされたのである。これによって、小さいときから嘘をついたり誤魔化したりすることなく、自分自身を律し「良心に恥じることのない」言動が育てられていったと言える。

近代における「神は死せり」とする悟性万能の考え方、特に我が国では戦後教育の中で伝統を否定し経済を優先させる世相が横行し、公共心や道徳心・宗教心が軽視されたことのつけが今回ってきたというべきではなかろうか。このことは経済面だけでは決してない。

失礼ながら、あのホリエモンがまるで改革の旗手であるかのように国会議員候補として推薦されたことや、「皇室典範に関する有識者会議」の答申内容やそれを巡ってなされた吉川座長の言動等にさえも、そのことが強く感じられるのである。

一日も早く基本法の改正を

国の根幹を築くのが教育である以上、公布されてからすでに六〇年近くになる「教育基本法」を時代に生きる真の日本人を育てるために相応しいものとして、一日も早く改正されることが求められるのであるが、これについては機を改めて論じたい。

著者紹介

村田　昇（むらた　のぼる）

　大正15年、大津市に生まれる。滋賀県立膳所中学校、広島高等師範学校を経て、昭和26年、広島文理科大学教育学科を卒業。滋賀大学学芸学部助手、講師、助教授を経て、昭和45年、滋賀大学教育学部教授。平成４年に停年退官し、滋賀大学名誉教授。引き続き、京都女子大学に契約教授として勤務し、平成12年に退職。教育哲学専攻。教育学博士。昭和44年度文部省在外研究員として、ハンブルク大学に留学。昭和49年度総理府日本青年海外派遣団アフリカ班団長として、東アフリカ諸国を訪問。その間、教育哲学会理事、滋賀県青少年育成県民会議会長、保護司、滋賀県公安委員長等を歴任し、現在、「日本の教育改革」有識者懇談会（略称「民間教育臨調」）代表委員兼学校教育部会長。

［主要著訳書］『現代道徳教育の根本問題』明治図書、昭和43年。『国家と教育――シュプランガー政治教育思想の研究』ミネルヴァ書房、昭和44年。『教育の実践原理』ミネルヴァ書房、昭和49年。『現代道徳教育論』（編著）ミネルヴァ書房、昭和49年（全訂版、昭和60年。新版、平成２年）。シュライヒャー編『家庭と学校の協力――先進八ヵ国・悩みの比較』（監訳）サイマル出版会、昭和56年。『教育哲学』（編著）東信堂、昭和56年。『道徳教育』（編著）東信堂、昭和56年。『現代教育学』（編著）東信堂、昭和61年。シュプランガー『教育学的展望――現代の教育問題』（共訳）東信堂、昭和62年。『日本教育の原点を求めて――伝教大師と現代』（編著）東信堂、平成元年。シュプランガー『人間としての在り方を求めて』（共訳）東信堂、平成２年。『「畏敬の念」の指導――心・いのち・体験』明治図書、平成５年。『これからの社会教育』東信堂、平成６年。『シュプランガーと現代の教育』（編著）玉川大学出版部、平成７年。『シュプランガー教育学の研究』京都女子大学研究叢刊、平成８年。『生きる力と豊かな心』東信堂、平成９年。シュプランガー『人間としての生き方を求めて――人間生活と心の教育』（共訳）、東信堂、平成９年。『パウルゼン／シュプランガー教育学の研究』京都女子大学研究叢刊、平成11年。『日本教育の再建――現状と課題、その取り組み』（編著）東信堂、平成13年。『日本教育の危機とその克服』東信堂、平成13年。『道徳の指導法』（編著）玉川大学出版部、平成15年。『戦後教育の反省とその再生』学事出版、平成17年。『ふるさとからの教育論―近江の心に育てられて―』サンライズ出版、平成17年。『学校教育の再生――日本の教育改革をどう構想するか・民間教育臨調の提言２』（編著）学事出版、平成17年。その他多数。

［現住所］滋賀県大津市仰木二丁目３－37（〒520－0247）

国と教育の在り方を求めて

発行日2006年4月20日

著　者　村　田　　昇

発行者　岩　根　順　子

発行所　サンライズ出版株式会社

滋賀県彦根市鳥居本町655-1
TEL0749-22-0627
http://www.sunrise-pub.co.jp/

印　刷　サンライズ出版株式会社

ISBN4-88325-295-7 C1037